中経の文庫

恋する女性に絶対読んでほしい

男が手放さない女になる方法

沖川東横

KADOKAWA

はじめに

埼玉県川越市にある私の占い館には、北は北海道から南は沖縄まで全国各地から、恋愛鑑定のお客様が訪れます。都心から離れた辺鄙《へんぴ》な場所にあるにもかかわらず、その数は、この10年間で5万人を超えました。

その一方、来る日も来る日も恋愛鑑定に明け暮れる中で感じたことを、ブログ「恋愛日記」に毎日書き続けてきました。これまで更新した記事は3500記事におよびます。

このように10年間、鑑定とブログの更新を続けるうち、私はあることを感じるようになりました。**それは「恋愛は千差万別ではなく、ある体系化したパターンがある」ということです。**

もちろん人間は個人個人違う、性格も考え方も違うので、人の心は千差万別の動きをしますが、こと恋愛になると同じ過ちを繰り返します。何千回も繰り返される同じ過ちに、恋愛には体系化したパターンがあることに気づいたのです。

その考えを具体的にまとめたのが、本書『恋する女性に絶対読んでほしい　男が手放さない女になる方法』です。

私のブログには、1日7万以上のアクセスがありますが、その中で、「男が手放さない女」というキーワードは今や検索キーワードのトップです。

現代の社会状況は晩婚・非婚・少子化が進み、結婚したい女性たちには不利な状況です。結婚したがらない男性が増える中、これまでの考え方や古い恋愛の手法は通じなくなりつつあります。

女性たちは好きな人と恋愛を成就させるため、または好きな人と結婚するため、この厳しい状況下でもあきらめないでどうすればうまくいくのか！　という情報を探して私のブログにたどり着いているのではないでしょうか。

好きな人に嫌われたくない、別れたくない。愛を失いたくない。

彼が結婚したくないのなら、彼が手放したくない女になればよいのだと。

では、どうすれば「男が手放さない女」になれるのでしょうか？

恋愛に関する男と女は合わせ鏡の正面とうしろ（表と裏）のような反対の心理を持っています。女性がよかれと思ったものが男性には通じず、男性がよかれと思ったものが女性には通じない。

いつまでも自分の性にこだわってはうまくいきません。相手の性の特徴をよく理解してそこに自分の性の利点を融合してこそ男と女はうまくいくのです。

男性のようなパワフルな開拓精神で臨んでも、男性には怖いと思われるだけです。男性のような戦略的な目標と計画で動くのではなく、男性の心理をあらゆる角度から分析して知りつくすことからまずは始めていきましょう。

依存している女性は精神的な被害ばかりに目がいき、男性のモチベーションを下げることしか考えていません。それでは男性とうまくいくはずがありません。

男性とうまくやっていくためには、女性たちが男性の心理を知りつくし、精神的な部分で男性より先回りして内助の功を発揮することが大切です。現状認識ができていて、状況判断もできているものわかりのよい女性が、男性のモチベーションを上げ、かけがえのない存在になれるのです。

それが、「もう二度とこんないい女には出会えない」と男に思わせる、男が手放さない女になるための方法です。

この本は恋する女性だけではなく、結婚して奥さんになった女性にも読んでほしいと思っています。男と女がうまくいく方法がふんだんに盛り込まれているので、独身・既婚問わずすべての女性に読んでほしい。私の10年の占い鑑定歴史から生まれたこの本を手元に置いて、あなたの人生のページをめくってください。

沖川　東横

Contents

第5章 あきらめきれない恋の取り戻し方

第6章 半年でプロポーズされるために

本文デザイン✦白畠かおり
本文イラスト✦オオノ・マユミ

第1章

まずは男の心理を理解する

1 「男は仕事が命」と理解する

恋愛には3つのステージがある

女は恋愛が命、男は仕事が命です。そのことを理解できれば、あなたの恋愛はうまくいきます。男性は仕事が命、そこから生まれる恋愛の3つのステージをまずは見ていきましょう。

【第1ステージ】

恋の始めは、男性も、どんなに忙しくても最優先で恋人を大事にします。恋人に週に何回も会いたいと感じ、1日何通ものメールを送り合います。彼女が彼からの連絡を待っているだけでなく、彼も彼女からの連絡を待ち受けているのです。連絡のない日は10年も連絡がないような寂しい気分になり、連絡がほしいときに連絡が来て、会いたいときに会える。まさにタイミングはすべてふたりのために用意されていると言ってもいいでしょう。こうして心きらめくドラマは数ヶ月続きます。

【第2ステージ】

半年が経過した頃、彼の様子が変わり、どこかよそよそしく、彼女に対して前ほどの情熱もなく連絡もとどこおり、会えない期間が続きます。

彼は「忙しい忙しい」とばかり言って彼女のことを相手にしなくなります。

このとき、放っておかれた女性はあらぬ疑いを彼に抱き、男性が予想もしないネガティブスパイラルに陥りがちです。

彼の態度に不信感を覚え、彼を信じようとする心よりも彼に裏切られたというショックの方が大きく、気持ちが揺れ動きます。このままでは自分がダメになると判断し、傷つく前に彼に白黒決着をつけるように迫ります。こうして「自爆」する女性がなんと多いことか……。

一方、男性は自分が待たせている間、彼女がそこまで苦しんでいるとは想像もしていません。突然、白黒つけろと迫ってくる彼女の行動は仕事の邪魔でしかなく、男性は自分の命である「仕事」を守るためには彼女を切るしかないと判断します。

第2ステージとは、恋の賞味期限が切れた男性が、本来の役割（仕事）に戻るステージなのです。

【第3ステージ】

一方、危機と挫折の試練の第2ステージを乗り越えることのできたふたりは、お互いを尊重し、信頼し合う関係になっています。

信頼関係を構築したふたりには、もうなんの不安もない。これが成就する男女の恋愛、第3ステージです。

彼は恋愛によって遅れた仕事を取り戻し、今は安心して恋愛ができる状態になっています。

——安心して恋愛ができるのは、彼女が僕を信じて待っていてくれたからだ。

彼女は今まで出会ったどの女性たちとも違う。今までの女性たちは、僕が忙しいときに限って邪魔をした。「放置しないで、無視しないで！　付き合っている責任を取ってよ！」とヒステリックに僕を責めた。

でも彼女はそんなことをしなかった。僕が忙しいときも、彼女は彼女なりに人生を楽しんでいた。そして前より明るく綺麗になった。久しぶりに会った彼女に僕は惚《ほ》れ直した――。

これが男性の心理です。

女性は彼がいない間、過去の失敗を生かして失敗（自爆）しない第2ステージを過ごしました。彼女は彼を信じると決めて、彼が忙しい間は自分磨きをしながらひとり遊びも存分に楽しみました。

なぜなら、過去の男性たちとは、皆第2ステージで終わっていたからです。

彼女はこう考えています。

――最初は男性が夢中になり、あとから自分が夢中になる。そのパターンを繰り返して何度も失敗した。

そして、過去の第2ステージでは、男の無責任な行動や嘘やずるさも学んだ。

最初はあれだけ私のことが好きだと言っておきながら数ヶ月後には音信不通になった男、愛しているのはオマエだけだよと言っておきながら他の女性と浮気をした男、仕事の忙しさにかこつけて別れを切りだした男……。

今思えば、彼らは自信がない男たちだった。そして私も彼らを信用していなかった。だが今回の彼は違う。彼を信じよう。たとえ騙《だま》されても裏切られても彼を信じよう。彼は必ず私を守ってくれる男だと信じて――。

そうして今回、「男は100%自分を信じた女を裏切らない」という教訓の通り、彼女は幸せを手にしたのです。

あなたはどちらの女性の生き方を、選びますか？

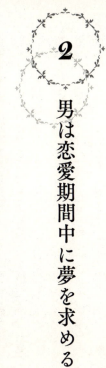

2 男は恋愛期間中に夢を求める

男性が望んでいる女性とは？

男性が望んでいるのはどんな女性でしょうか。

ズバリ、「恋愛期間中に夢を与えてくれる女性」です。

そして男性の恋する相手とは「可愛い女性」。それに尽きます。

「僕の彼女、超可愛いぃぃぃ❤ 付き合ってよかった♪」と思わせる女性のことです。

女性らしく控えめでけなげな、守ってあげたいと思わせる女性を、男性は可愛いと感じます。

逆に可愛くない女性とは、こんな女性です。

ヒステリックな女性。束縛する女性。自由を与えない女性。度を超したワガママな女性。疲れるほど嫉妬深い女性。自分を尊敬していない、自分を疑っている女性。すぐにいじけてネガティブになる女性。物事をなんでも悪い方へ考える女性。うしろ向きで暗い女性。すぐにメソメソ泣く女性。他人の悪口、愚痴ばかり言っている女性。エゴが強く自分をひとり占めにしようとする女性。疲れているときに話しかけてくる女性。疲れているときに寝かしてくれない女性。その他もろもろ……。

ネガティブな感情をコントロールする

ここに列挙したのは、女性なら誰しもが持っている感情です。**しかし、「恋愛期間中はそのネガティブ感情を出さないでほしい」、それが男性からのお願いなのです。**

男性にもそれに匹敵する悪い部分はもちろんあります。

でも、自分と付き合っているときは明るく前向きで、素直な可愛い女性でいてほしい。そして上品で気さくで気配りができ、自分がハッピーになるような楽しい女性でいてほしいと思っているのです。

もっと本音を言えば、「僕の意見を尊重し、味方になって、僕をおだてて持ちあげてほしい」と思っています。男性は女性の、「すごい！　かっこいい！」という声援が大好きなのです。さらにセクシーで色気たっぷりに自分を誘惑してくれたら大満足。君と付き合えて本当によかった。自分以上幸せな男はいない、という気持ちになるのです。

男性が望んでいるのはネガティブ感情よりポジティブ感情です。そして、こうしたポジティブ感情も、女性なら誰しも持っているものです。しかし、生身の男性と付き合うとどうしてもネガティブな部分が出てしまうことが多くなります。

けれども、ネガティブな感情が突出すると、男性とはうまくいきません。そこで頭を切り替える必要があります。

ヒステリックな女性にならない

また、ヒステリックな女性も男性の手に負えません。

男女は感情的な軋轢《あつれき》が生じると、愛の両輪がきしみ、仲が悪くなります。どんなに愛し合っても、たった1回の喧嘩《けんか》で別れてしまうこともあります。

女性側からすれば「たった1回の喧嘩で別れを決めるなんてひどい！」と思うかもしれませんが、男性側の言い分は、「見てはいけないものを見てしまった……」ということです。今まで可愛いと思っていた彼女が突然鬼に見えた、「彼女が怖くなった、こんな恐しい彼女とは今後やっていけない」と思うのです。

女性が強くなり、男性が弱くなったという時代の背景もあるでしょう。女性たちは強くなり、普段はおとなしくいい子の仮面をかぶっています。が、ひとたび衝突すると現代女性の強さが浮き彫りになり、感情的になって男をやっつけてしまうという構図になるのかもしれません。

「結婚式が終わるまで」可愛い女性でいる

では、ネガティブな感情やヒステリックな感情を引っこめるには、どうすればいいでしょうか。それには目標を持つことです。目標は明確にして、期間を設けましょう。**目標は、「恋愛期間中は男に夢を持たせてあげる」、期間は「結婚式が終わるまで」としましょう。**

恋愛期間中は可愛い女性を装い、結婚式が終わるまでネコをかぶっている。ネガティブな感情を出すのは結婚後数年かけて、徐々に出していきましょう。これをネコかぶり作戦と呼んでいます（笑）。

男性もわかっています、「どうせ結婚したら尻にしかれる」とわかっているのです。「せめて恋愛期間中は夢を持たせてくれ。恋愛期間中に女房面するな！　尻にしくな！　それより可愛い彼女でいてくれ！」。これが男性の望みです。

1割夢を与えれば、男はその女を一生大事にします。

1年間ネコをかぶりながら恋愛期間中に夢を与え、さらに新婚生活の3年間ネコをかぶりながら「結婚っていいな、楽しい♪」という夢を与えれば、男はその後50年間尻にしかれてもその女性を手放しません。最初にたったの1割（5年）夢を与えれば、男はその女を一生愛します。

ネコかぶりという表現が嫌ならば、その間女優を演じていると思えばいいのです。

3 彼の一番の味方でいること

男性にとっての敵、味方とは？

男性は外に出れば7人の敵がいると言われています。彼女が8人目の敵となったら恋愛などやっていられなくなります。彼女は敵ではなく一番の味方であってほしいのです。

敵とは、自分を否定して文句を言い、責めてくる相手のことを言います。

「今日も上司に命令されて疲れた」「訪問先の顧客にクレームを言われて疲れた」「会議でも成績が上がらない理由を責められて疲れた」……。

その上、彼女に「なんで連絡よこさないの」と文句を言われて疲れた」となれば、男性はこう考えます。

——自分には味方がいない、みんな敵だ！　どの敵から退治しよう。**仕事の敵を退治したら生活していけない。ならば生活に支障のない彼女という敵を退治しよう。**彼女と別れれば、自分は少し楽になる。疲れる原因のひとつがなくなってホッとした——。

男性が求めている「味方」とは、疲れているときに優しく迎え入れてくれる彼女。仕事が忙しく3ヶ月も連絡を取っていないのに、文句ひとつ言わず、ニコニコと嬉しそうに明るく接してくれる女性です。

彼が「しばらく連絡が取れなくてゴメン」と言うと、彼女は「お疲れさま、お仕事大変だったね」と一言だけ言って、あとは普段通りに付き合ってくれる。

そんな優しい彼女を男性は好みます。待ち方の上手な彼女に対して、「待たせて本当に悪かった」と深く反省し、愛しく思うものです。

男性は過去の経験から、最後は自分の味方になってくれるような女性を選びます。

彼は、あなたを味方だと認めたとき、こう考えています。

——前の彼女（元カノ）は3ヶ月もほったらかしにすると、さんざん自分をなじった。3ヶ月分の恨み節を聞かされた。口やかましさに耐えられなくて逃げようとすると、「話はまだ終わっていない！」と執拗《しつよう》に責め、しまいには泣きじゃくり、見てはいけない狂気じみた女性の感情を見てしまった。そんな彼女が自分は怖くなり、別れる決心をした。

それに比べて今の彼女は天使だ。こんな彼女に会えたのは自分にとって奇跡だ。彼女なら今後とも安心して付き合っていける。なぜなら彼女は世界でたったひとりの自分の味方だからだ——。

4 男はこんな女を守りたくなる

男は「守る」という自尊心を満たしたい

今は皆無になりつつある、古きよき時代の日本の女性たち。かつて世界一と称賛された、男を立て、男に尽くす「大和撫子《やまとなでしこ》」は今も男にとっては永遠の憧れです。

男には基本的に「女を守る」という使命があります。**「守る」という自尊心を満たすために女性と付き合っていると言っても過言ではないのです。**

「強い男が弱い女を守る」。これが本来の自然の形です。

戦後、女性とストッキングは強くなったと言われています。今は肉食系女子が闊歩《かっぽ》し、自己主張の強い女性たちが増えてきました。

気の弱い男性は、もう日本には自分の奥さんになる人はいないと言います。いっそのこと、世界一幸せな国と言われているブータン王国にでも行って、奥さんを探そうかな？　と考えてしまうそうです。

草食系男子も基本は男、優しい女性に尽くされたいのでしょう。

もっとも女性から見れば、男らしい男がいない、ということかもしれません。

——女を守ると言ったって、今の時代は頼れる男がいない。優しくて頼りがいのある男がいれば私たちだって女らしくするわよ、と思うでしょう。

けれども、そんな時代だからこそ、あえて古風なやり方にチャレンジしてみるべきなのです。**ふたりの関係を、「男が女を守る」という本来の姿に持っていけば、男は自尊心を取り戻し、男らしくなります。そうすれば、万事がよい形に収まります。**

では男が守りたい女とは、どういう女性でしょうか？　それは、胸がキュンとなる女性です。

誠実で控えめで優しく、言葉遣いと態度から素直さが伝わってくる。そして間違いなく信頼できる性格をしている。こちらが顔をのぞくと赤面し、緊張してモジモジしてしまうような純心がある。胸がキュンとなる可愛らしさと、守ってあげたいという男の本能をくすぐる切なさを持っている。

か弱く控えめな女性は、男性にとって懐かしい香りがします。忘れていた女性の本質がそこにあります。

男の守ってあげたいという本能を駆り立て、守ることで男の自尊心が満たされてくるという本質がそこにあるのです。弱くて可愛い、なんとも言えない切なさと哀れみを感じ、守ってあげたいという気持ちになるのです。

「いい子だけどもったいない」女性へのアドバイス

一方で、控えめでとてもいい子で、「結婚するならこの子」と男性なら誰しもそう思うような女性なのに、なぜか婚期は遅れがちなケースがあります。

そういう女性は、控えめすぎて現代のスピードについていっていないと言えるでしょう。

その原因のひとつは控えめすぎること。自分に自信がないのですぐにネガティブになるところにあります。そして最大の欠点は、自ら不幸探しをしている点です。

不幸になるのが自分にふさわしいと思っているふしがどこかにあるのです。

せっかくの「いい子」である彼女のよさがネガティブな部分に打ち消されてしまっているのです。これはとてももったいない。

守りたいという男の本能をくすぐる素質は十分に持っているのですから、あとは不幸探しをやめることです。そしてもう少し積極的になることです。

自己主張が強すぎてワガママすぎてもいけないし、控えめすぎて消極的すぎてもいけません。何事も度がすぎるのはよくないのです。ワガママな人は控えめになることを訓練し、控えめな人は積極的になることを訓練するとよいでしょう。

5 男性は何よりも「信頼」を求めている

別れの原因の第1位は？

男性側から見た別れの原因の第1位は「自分を信頼してくれないから」です。

男性を信頼していない、信頼していないから待てない、信頼していないから疑う、信頼していないからイライラする、信頼していないから自爆する……。

男性は女性に「信頼」を求めているのに、女性は男性を疑ってばかり。それが男と女の別れの原因の第1位なのです。

ならば、男性をとことん信頼してあげればいい。そうすれば男と女は別れに至ることがありません。

その方法を見ていきましょう。

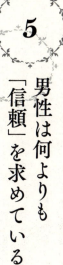

恋愛の「第2ステージ」で男性を信じる

男性にとって、恋愛の第2ステージは、恋愛によって下がった仕事運を取り戻す時間です。１００%だった愛を10%にして、残りの90%を本来の役割（仕事）に戻そうとします。

そのとき、女性は男性を信じて放っておくべきなのです。

放っておかれたら、放っておく。

そのぐらいの気持ちでいいのです。

男性は女性のようにふたつのことを同時に器用にこなせず、ひとつのことしかできません。女性は恋をすれば仕事のモチベーションが上がってきますが、男性は恋をすると反対に仕事のモチベーションが下がってきます。

すると次第に、他のライバルに追い越され、負けるのではという恐怖が襲ってきます。その恐怖を払拭するために、男性は仕事人間に戻るのです。

男の使命は女を守ること。その基盤となるのが仕事です。

ですから、第2ステージで仕事人間になる男性は、まだまだ女性を守れる能力が備わっていないとも言えます。とくに若いときはその能力は未熟で、ちょっと恋をするとすぐに仕事でへこんでしまうでしょう。仕事でへこんで打ちのめされて、叩きのめされて嫌というほど鍛えられて、やっと女を守れる男へと成長するように男は宿命的に仕組まれているのです。

第2ステージは男性にとって、「女を守れる男になるためのステージ」です。

自分はあなたを守れる男になれるのか、それに挑戦していると判断していいでしょう。可哀そうに彼はあなたを守るために奮闘努力している、と理解してあげてください。

あなたを愛した分、あなたを守れる男になりたい。

自信がつくまでもう少し待ってほしい、と思っているのです。

男性という生き物は仕事に自信がつけば、あなたと恋愛する余裕が生まれ、余裕ができればあなたがいることで仕事に対するモチベーションも上がります。なぜなら守るものができたからです。

お願いですから男が外で戦っている間、彼を疑わないでください。気持ちが冷めたとか、他に好きな女性ができたとか、彼の気持ちに疑いを持たないことです。もし彼がそういう男性なら、あなたはそんな男性を愛したのですか？　あなたが愛したのはそんな男性ではないはずです。男と女は信頼関係で結ばれているのです。その信頼を自ら汚さないことです。

男性が希望している愛とは、「たとえ裏切られても、たとえ騙されても、僕を信じてほしい」というもの。男性は心の底でそういう女性を求めています。

嘘と騙しと裏切りの多い世界で、男性を信じることができないかもしれませんが、男性が女性に強く求めているものは「僕を疑わないで信じてほしい」という信頼と尊敬の愛のみです。

そしてあなたもそういう男性を見つけたのです。第2ステージの彼はそういう男性であることを信じましょう。たとえ違ったとしても、あなたの考え方は不変でいきましょう。

「彼は今は仕事で忙しく、役に立たない。でも私は彼を信じて自分磨きに徹する。料理がうまくなって綺麗になって、精神的にも強くなって彼を迎え入れる」。そう考えてください。

第2章

男はこんな女を大切にしたくなる

6 男性には半年間努力させる

男性を本気にさせてこそうまくいく

『ルールズ　理想の男性と結婚するための35の法則』（エレン・ファイン、シェリー・シュナイダー著）の中で、男性が努力してやっと手に入れた女性になりなさいと書かれています。

「女性から話をしない。女性から連絡をしない。女性から誘わない。女性から会いに行かない。女性から尽くさない」。最初はそれらを全部男性にやってもらう。

いかに男性に時間とお金をかけさせ努力させたか、それによって女性の価値が高まり、男性が本気になってチャレンジする。

男性が本気になるからこそ、理想の結婚ができると述べられています。

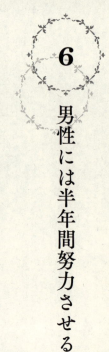

実際に鑑定をしている私も「その通りだ！」と思います。

昨今の女性は焦りすぎです。

「早く彼がほしい」「早く結婚したい」というその思い、わかります。

でも「告白はいつなの？」と、男性に告白されるのを待っているのが見え見えで、男性からすれば「愛の安売り」をしているようにしか見えません。これでは女性の価値は低くなってしまいます。

女性はもっと神秘的でいいのではないでしょうか。神秘的な部分があるから男性は女性に興味を持ち続けるのです。

最初から「あなたが好きです」とあからさまにして、体の関係を持ち、毎日毎日これでもかとメールを送り続け、私はあなたに精いっぱい尽くしているのよ、私の1日の大半の時間はあなたのために使っているのよという態度では、男性はだんだんと冷めてきます。

3ヶ月後には彼から連絡が途絶え、やがて音信不通となり、半年以内に別れる結果となるでしょう。

なぜそうなったのか？　それは女性が「愛の安売り」をしたからです。

男性は最初が肝心

男性の恋の賞味期限は半年です。男性は最初が肝心なのです。

男性の女性に対する印象はどのくらいで決まるのかというと、それは「半年で決定される」と言っていいでしょう。最初の印象で、男性はそういうものだとずっと思ってしまうのです。

半年間いかに男性が苦労して努力したかで、その女性の価値は決まります。簡単に手に入った女性は、半年後に印象が悪くなる。逆に半年努力して手に入れた女性は最後まで手放したくない。なぜ手放したくないか、それは「苦労してやっと手に入れたから」です。男性たちの口説きの魔の手にすぐに屈しないで、さらりとかわし続けた女性が一生の女になる。

「男性に半年間努力させる」。これを目標にしましょう。それが男性に対する印象管理です。

7 男性が忙しいときに自分磨きをできる女性

彼を待つのではなく、ひとりを楽しむ

「仕事が命」である男性が望んでいるのは、自分が忙しいときにひとり遊びができる女性です。

自分が忙しいとき、ひとりで遊んで楽しく暮らしている女性。

自分のことを待っているというより、好きなことをやって楽しんでいる女性。

そういう彼女だからこそ愛おしくなり、仕事が片づいたら会いたくなります。

そして、男性は女性に「男の人は仕事が大切だから」と言ってもらいたいのです。

その一言に男性は弱い。「ああ、彼女は自分の仕事をよく理解してくれている。ありがたい」と彼女に感謝し、男性は仕事が片づいたらあなたと思いっきり遊ぶぞとい

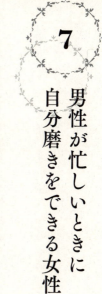

う計画を立てるでしょう。

ところがこの気持ちをちゃんと伝えれば女性は安心するという発想は、男性には残念ながらありません。しかし、彼は口にはしませんがあなたに感謝しているのです。


その反対に、男性が忙しいときに邪魔をする女性には、一発で恋が冷めます。

「なぜ、自分を疑うんだ！　なぜ信用してくれないんだ！　もう冷めた！　彼女とはもう終わりだ！」となります。

極端ですが、これが男性心理です。男の命である仕事の領域を女性が侵したからです。今まで良好だった関係が、一度の邪魔をされただけでおかしくなった例は全国にたくさんあります。そんなとき男性はこんな態度に出ます。


仕事が忙しく、ヘトヘトに疲れているのに彼女からメール。

「なんでメールくれないの？　今度いつ会えるの？」。疲れた……無視。

翌日も彼女から心配メール……無視。

数日経って彼女から生存確認メール……無視。

彼女の苦悩とイライラがメールで伝わってくる……それを察すると余計疲れる。「勘弁してくれ……。もうたくさんだ！」「なんで女は男の忙しさをわかってくれないんだ！　彼女は自分のことを全然理解していない！」

理解できない女性の行動にストレスが溜《た》まってくれれば、男性は彼女との別れを考えるようになります。そして、ストレスと怒りが頂点に達した女性の自爆によって別れが決定的になるのです。

恋愛のことしか考えていない女性にならない

一方で、恋愛一色になる女性は、男性側から見ればとても不審です。

「恋愛以外にも他にやることはたくさんあるだろう」というのが男性の考えです。

男性は、恋愛一色になれば仕事運が下がることを知っています。

過去に色に夢中になって身上《しんしょう》をつぶした男たちの例は、芸能人や有名スポーツ選手のスキャンダル、政治家のスキャンダルと、数えたらキリがありません。モテたり、浮気をするのは勝手だが、そのあと身上をつぶしている様を見て、自分はああはなりたくないと思うのが男性です。

それは何も有名人のスキャンダルだけではなく、一般社会においても、色に溺れて身上をつぶす出来事はたくさん起きています。真面目な恋愛でも、「あいつ、この頃仕事に精彩を欠くな、女でもできたのか？」と上司や同僚に言われることは恥なのです。

色に夢中になれば精彩を欠く、すなわち仕事運が下がる。どの男性もそれは避けたい、だから仕事中に彼女のことを思い出して「はあ〜」と溜息《ためいき》をついたり、同僚や男友達に彼女の相談など間違ってもしません。

恋愛一色になれば仕事運が下がるということを知っている男性から、恋愛一色になっている女性を見れば、余計なお世話かもしれないが、「このままでは、運が悪くなって身上をつぶすよ」「恋愛一色にならないで、やることをやったら？」と思ってしまうのです。

それ以上運が悪くなったら、男はその女を手放すしかないからです。

8 「きめ細かい心配り」を忘れない

「心配り」が男のモチベーションを上げる

明るく、上品に、男性の気づかない細かいところまで気遣いができるのは女性ならではの感性です。女性の武器とも言えます。**男性にはできない気遣い、心配りは長い時を経て相手に伝わるものです。**

デートのときは、その心配りを存分に発揮しましょう。

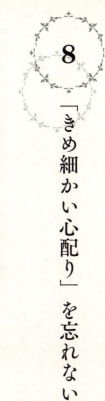

彼と食事に行ったときに、ファミレスでドリンクバーを頼んだら「何を飲む？」と聞いてあなたが彼の分も取りに行ってあげる。

彼が「ありがとう。じゃあコーヒー」と言ったら、「ブラックがいい？　それとも砂糖とミルクはつける？」と尋ねる。彼が「ブラック」と言ったら、「わかりました♪」とドリンクバーのところへ行きましょう。

そんなささいなことと思うかもしれませんが、彼は見ています。あなたがコーヒーを入れているところを。心配りが上手な女性だと思って見ているのです。

ふたりで飲みに行ったときも心配りを忘れないように。飲み物のオーダーはスムーズにこなし、テーブルが汚れたらさっと拭きましょう。女性らしいきめ細かい心配りは男性にとって心地よいものなので、遠慮はいりません。

話が弾んだら彼の愚痴や悩みを聞いてあげて、女性らしいアドバイスもしてあげましょう。彼が仕事のことで悩みがあれば、彼の味方になり彼を応援してください。

女性の応援やアドバイスが男の仕事でほとんど役に立つことがなくても、「味方を得た」という強い安心感を与えることができます。

その女性らしいきめ細かい気遣いと心配りで、男性のモチベーションが上がり、仕事に意欲的になるのは間違いありません。そんな、仕事にやりがいを与えてくれる女性とは、将来一緒に暮らしたいと思うようになります。

9 男は料理上手な女を手放さない

男性から見た女の「料理」は男の仕事と同じ

男心をつかむのは「3つのふくろ」だと言われています。
①堪忍袋　②おふくろ（母）　③胃袋。
男性心理を知るには忍耐力が必要となります。男性には多かれ少なかれマザコン気質があり、おふくろの愛情を求めています。そして最後の胃袋。胃袋を満たしてくれる料理上手な女性は、男性が求める最大の欲求です。その欲求を満たされるか満たされないかで、今後の付き合いは大きく変わってきます。

どんなに美人でも、料理が下手だと男性は嫌になります。外見がよくても、体の相性がよくても、毎日食べる料理がまずかったら愛情は冷めてきます。美人でなくても、料理の上手な人を選んでおけばよかったと、後悔するものです。料理は毎日のことです。これがうまいか下手かで、男性が女性に対する気持ちは大きく変わってきます。

男性から見た女性の料理は、男性の仕事と同じです。

イケメンでも仕事のできない男性はダメ男です。それと同じようにどんなに美人でも料理ができない女性はダメ女です。料理の上手な女性は手放したくない、これが男性の評価です。

美人で料理ができない女性を選ぶ男性がいるとしたら、相当なお金持ちのセレブな男性しかいないでしょう。彼女に料理をしてもらわなくても、コックを雇えるからです。しかし、一般の人には無理です。コックを雇える豪邸に住んでいるセレブな男性が、果たして日本にどのくらいいるでしょうか。

またそれだけのセレブな男性でも、やはり奥さんには料理の上手な女性を選ぶでしょう。奥さんが料理下手だと、お客様を家に招いたときに心のこもったおもてなしができない。恥をかくのは自分だからです。

10 自立している女性を目指す

今の男性には依存心のない女性がいい

経済的な自立は、人として成長するための大前提です。親元を離れて都会でのひとり暮らし。頼れる人のいないひとり暮らしは寂しくて苦しいでしょう。寂しさに耐え、金欠に耐え、与えられた範囲での生活力を身につける。この貴重な体験を一度はしてみることです。それによってあなたには結婚できる基礎ができます。その基礎とは忍耐力と経済力です。このふたつの基礎を学べば、あなたはいつでも結婚ができます。

たとえば20万円の給料で、女性が都会で暮らすとなると大変です。家賃や光熱費、食事代、通信費、交通費、洋服代、化粧品代、その他の生活用品などで、あっという間に給料は飛んでいきます。生活は楽ではありません。友達と食事や飲みに行くこともなかなかできず、彼ができてもデート費用を捻出するのも大変でしょう。与えられた範囲内で生活する習慣が余儀なくされます。

しかしこうした貧乏な生活こそが、結婚できる金銭感覚を養えるのです。お金の大切さやその苦労を学び、生きていくために何が必要かを学ぶことができます。

自活を2~3年続ければ、もうあなたは立派な大人です。頼る人もなくひとりで生活しているわけですから依存心が消えます。**依存心が消えれば男性とは対等にやっていけます。**

生活力がない男性たちが多い時代に、共依存でお互いが甘えたらうまくいくはずがありません。今の男性には依存心がない女性の方がいいのです。

経済的な自立によって生活力を身につける。これからの時代、そういう女性が求められていると思います。自立した女性は男性にとってもありがたい存在です。

11 遠慮しない女性

男性は成長し合える女性を求めている

遠慮しない女性とは、ワガママでずけずけモノを言う女性ではなく、相手に配慮しながらも自分の主張を堂々と言える女性のことを言います。

それができる女性はとても頭がよいでしょう。

明るくて前向きなので、男性に対して緊張して遠慮することもありません。ていねいな言葉遣いで自分の意見を堂々と言うことができます。言葉遣いは穏やかで、礼儀をわきまえていて、心の優しさがこもっています。

時には間違ったことを言ったりする相手にやや感情的になって注意することもあります。ぜんぜん怒らない人には逆に人間味を感じない、時に主張してぶつかった方がふたりの関係は深みが増してくる、とわかっているからです。

人との関係に意見の食い違いが生じるのは仕方がないことです。礼儀と聡明さがある意見の対立は、お互いの足りない部分を補う学びの場でもあります。

好きになりすぎて、相手に嫌われないように極度に遠慮している女性を時々見かけますが、男性から見れば、何を考えているのかわからない女性に見えるだけです。話がかみ合わず、ふたりの間にストレスが溜まっていきます。フラストレーションを起こす遠慮はかえってふたりの関係を悪くするだけです。

恋人同士に遠慮はいらないのです。もちろん相手を極度に批判したり責めたりしてはいけませんが……。

好きというスイッチは、相手に緊張し、相手に遠慮するためのスイッチではありません。相手の明かりが灯るように自分の気持ちを伝えるスイッチなのです。

遠慮をしていたら相手の明かりが消えてしまいます。遠慮しないで堂々と自分の意見を言える女性を男性は手放したくない。なぜなら成長できる相手だからです。

12 働き者で、誠実な女性

ふたりとも「働き者」が円満の秘訣

真面目で働き者の女性は、結婚してもいい奥さんになります。

働き者の女性は男性が放っておくわけがありません。男性なら誰しも気持ちよく働く女性と人生をともに歩みたいからです。

明るく健康で活発に働く女性は、男の財産です。もちろんあなたの選ぶ男性も、真面目で働き者でなくてはなりません。

恋人が、夫婦が、日常生活でよく働く。仕事、家事、ともに協力してよく働く。役割分担をしてもいいし、共同作業でもいい、ふたりともよく働く。

働き者の妻、働き者の夫であること。円満のコツはここにあります。

誠実な女性は、愚痴や不満を言わない

男性は、誠実な女性が好きです。

仕事の不平、不満を言わない。人の悪口を言わない。辛《つら》いことがあっても、それを顔に出さず、じっと耐えて誠実に生きている。

そんな女性は手放したくないと思います。

反対に仕事の愚痴の多い女性や、人の悪口ばかりを言っている女性は、すぐに手放したくなります。ネガティブの領域に長くいる女性とは付き合えないからです。

女性でもそうだと思います。

仕事の愚痴、人の悪口ばかり言っている男性とは付き合いたくないでしょう。不満の多い人との付き合いは誰しも避けたいものです。

しかし、女性は男性と少し違うところがあります。誰しも不満ばかり言う人は避けたいのですが、女性には母性愛があり、それゆえそうした男性を受け入れてしまうところがあるのです。

「私だけに彼は愚痴をこぼしてくれた」という思いがそれです。必要とされることに喜びを感じ、だからダメ男を好きになってしまうことがあるのでしょう。

しかし、その母性愛は、理性のある男性には通用しません。

男性にも父性愛がありますが、母性愛とは趣が違います。

父性愛は幼い子どもには優しいのですが、不満を言う女性に対しては厳しいのです。不満は受け入れず、叱咤《しった》激励して自立を促すだけです。我が子を千尋《せんじん》の谷に落とし、這《は》い上がってきたものを後継者とする。獅子《しし》みたいなものです。

不平、不満の多い男性は、結局社会からはじき出されていきます。

そんな父性を基本的に持っている男性に、女性が母性愛で挑んでも通用しません。通用するのはダメ男だけです。

ダメ男を好きになっている女性は男性側から見れば、同じ穴のムジナ、ダメ女にしか見えません。不誠実な生き方をしているというレッテルが貼られるだけです。

男性には前向きな相談だけをする

仕事でストレスを抱え、対人関係で行き詰まると、女性はすぐに誰かに相談したくなります。愚痴や不満をたくさん言って誰かに話を聞いてほしいのです。

その矢面《やおもて》に立たされるのが男性です。でも男性の父性は、「降りかかった火の粉は自分で追い払え」というのが基本的な考え方ですから、女性のくどい愚痴を聞く耳を持ちません。

解決策を述べ、「ネガティブな話はこれで終了、あとは自分で解決しなさい」と言うだけです。一方で苦しいときに話を聞いてくれない彼、必要としているときに応えてくれない彼に、女性は幻滅してストレスが溜まっていきます。やがてそのストレスが別れの原因に発展していきます。

男が手放さない女は、こういう苦境に立っても前向きで誠実な女性です。社会に対して不平・不満を言わない、人の悪口を言わない。辛いことがあっても、それを顔に出さず、じっと耐えて誠実に生きている女性を男性は求めているのです。

彼を不満のはけ口に使ってはなりません。ストレスによる愚痴や不満は、同じ母性愛を持っている母親か女友達に相談するとよいでしょう。間違っても彼に相談しないように。

彼に相談するのは建設的で前向きな相談だけにしてください。

13

器の大きい女性

精神的に強い女性を男は手放さない

今、昔ではちょっと考えられないことが起きています。

それは「メールでサヨナラする男たち」です。

長年付き合った彼女にメールという姑息《こそく》な手段で別れを告げる。「最後くらい会って話せよ！」と言いたくなりますが、いとも簡単に現代の男性たちはメールで別れを告げます。

デフレと少子化によって、日本経済は競争力と経済力を失い、不安定な時代になりました。安定していた時代は、結婚もしやすかった。男性は責任を取る自信があったからです。しかし、不安定な時代の愛は、なかなか結婚までたどり着きません。**男性**

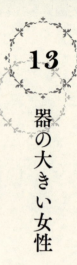

側からすれば、「こんな不安定な時代では、自分は責任を取る自信がない。安心して彼女と付き合うこともできない」と考えてしまうのでしょう。その考えは、不安定な時代に生きる男性の防衛策から来ていると思います。

そんな不安定な時代の男性たちの防衛策にいちいちパニックを起こしても、問題は解決しません。

「男性が弱ければ、女性が強くなればいい」。それだけです。強くなれと言っても、腕力で男性を上回れと言っているのではありません。精神的に強くなるということです。

「彼にメールでサヨナラされた」という女性たちは、パニックになり、本筋を見失い、ただジタバタうろたえているだけです。それでは今の時代は生きてはいけません。

もっと器の大きな女性になりましょう。あなたの器が大きくならないと、これからの時代の男性とはやっていけません。

これからの時代に必要なことは男性に依存せず、期待しないで生きる知恵を身につけることです。そのために、メールでサヨナラする男性に依存も期待もしないでください。彼は精神的に弱いと判断するだけでいいのです。

プレッシャーに負けて逃げ出しただけで、本当は別れたくないのかもしれません。それにいちいち反応しないでください。**別れのメールはスルーするくらいでいいのです。**「**ネガティブな男は放っておく**」。**これが精神的に強くなる方法です。**

放っておく技術を自分のものにすることができれば、あなたは彼より精神的に強くなれます。

ピンチのときに動じない女性こそが男が手放さない女なのです。

なぜなら、男は愛において白黒つける生き物ではないからです。女性が放っておけば黒が自然に白に戻るように、男は女の元へ戻ってきます。

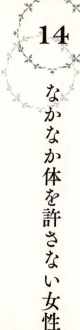

14 なかなか体を許さない女性

男性の最初の目的は体

男性が女性と付き合う第1の目的はなんでしょうか？

それは性欲です。性欲の目的は頂上に上ること。頂上に上れば、あとは下るだけです。すぐ体を許す女性は、頂上を征服する過程がない山と同じ。味気ない山（女性）となるだけです。そして、メールのやり取りだけで親しくなった関係は、こうしたパターンに陥りやすいと言えます。

メールは使い方によってはとても危険なツールです。

コミュニケーションを主体とする女性にとって、メールは熱意と愛情が伝わる道具になります。女性が相手のメールの言葉に酔いしれ、自分が思っていることを伝え、相手の考えにも同感しているうちに、ふたりは意気投合してきます。そして、「ここまで自分と合う人はいない」と運命まで感じてしまう。愛の確認はすでにメールでできているので、会った初日に体を許してしまうというケースがあります。

けれども、その流れはすぐに恋が終わる現象を招きます。メールで愛の確認をした関係は、バーチャルなもので、リアル（本物）にはなりえません。

とりわけ男性からすれば、途中過程の努力のない頂上征服と同じ。味気ないものになってしまうのです。

男性はそれでいいのかもしれません。けれども女性は違います。女性は一度情が入るとあきらめることができなくなるものです。男性が山を下りていく一方で、女性は、相手のことが本気で好きになってしまう。山を下りる男性とそれを悲しむ女性の構図は、見ていて哀れで仕方ありません。

ですから、**10回デートしたらキスまで**。**20回デートしたら体を許す**。そのくらいの作戦でいきましょう。10回のデートは週1回としても3ヶ月近くかかるし、20回のデートは半年ほどかかります。半年かけて女性という山を征服した方が、男性は女性を一生大事にします。

その作戦を実行する過程で、目的をなかなか達成できない相手が、次第に冷たくなることもあるでしょう。そんな相手は単なる偽物。恐れずにサヨナラしていいのです。

あなたの目的は、半年かけて相手が本物かどうかを見極めることにあります。

男性の目的はすぐに体、女性の目的は相手が本物かどうか見極めること。男の目的と女の目的のどちらが勝つのか？　それはあなた次第です。

第3章

音信不通で不安になったとき

15

なぜ男は音信不通にするのか？

男性の連絡は時々の「点」でいい

女性にとって好きな相手と連絡が取れない音信不通は、この上ない苦しみのひとつとなります。つながりが断たれた身の置き場のない苦しみとでもいうのでしょうか、連絡が取れないことの不安もさることながら、礼儀知らずの相手の人間性にも怒りを感じ、自身の精神構造をコントロールできない状況に追い込まれてしまうからです。

コミュニケーションを主体とする女性にとって音信不通は恋愛の最大の危機です。しかし女性のコミュニケーションは線ですが、男性のコミュニケーションは点なのです。**女性は線で毎日つながりたいけれど、男性の連絡は時々の点でいいということが理解できれば、音信不通の危機は乗り越えることができます。**

第3章は男性の音信不通について詳しく述べていきます。音信不通に不安にならず、うまく乗り越えられた女性は、男が手放さない女となります。

携帯電話が男と女の危機を招く

音信不通にする男性の行為は、その便利な携帯への反発心から来ているのではないかと思います。

いつでも連絡が取れる携帯のおかげで、逆に自由がなくなった。どこにいても監視されているような気分になり、それが嫌で音信不通にする人もいます。その連絡に応じなければ束縛されないですむ、と本来の自由を取り戻すためにあえて音信不通にするのです。

恋愛における携帯の依存度は女性の方が高い。それは私の長年の鑑定からも言えます。

女性は、好きな人と連絡が取れれば取れるほどモチベーションが上がっていきますが、男性は好きな人でもある限界を超えるとモチベーションは下がってきます。また、仕事が忙しくなれば恋愛のモチベーションは下がるし、他のことで忙しくなってもモチベーションは下がります。

ここで言えることは、男性の方が連絡におけるストレスを抱えやすいということです。女性が音信不通にする場合は、もう相手のことが好きではないというケースが多いと思いますが、**男性の場合は好きでも音信不通にするケースが多いということです。**

恋愛においては、女性は携帯に依存しきっています。その依存が男性の音信不通を招いているのかもしれません。

男が音信不通にする理由

ここで、男が音信不通にする理由についてみていきたいと思います。

①男は用事がないと連絡しない

男性は面倒くさがりやなので、ちょっと忙しくなると音信不通にします。その理由は、男の脳はひとつのことしかできないからです。つまり男性は「用がないと連絡してこない生き物」なのです。

付き合ってしばらくして音信不通にするのは、彼女に対する最初の用事が終わっただけ。最初の用事とは初期の段階で口説く用事です。口説いて自分のものになれば、すでに信頼関係ができているので連絡を取らなくてもいいと考えます。

②身内に甘える

信頼関係ができ上がると、彼女は身内となります。男性は身内になると安心して手を抜きます。あまり会おうともしないし、面倒なコミュニケーションを取る必要もないと考えるのです。信頼関係があるから、「身内はあと回しでいいや」とついつい甘えて音信不通になります。

③もともと男はおしゃべりではない

男の脳は狩りや仕事をするためにつくられていて、言葉で愛情を表現するようにはできていません。仕事なら仕方がなくても、普段はあまりしゃべりません。恋愛でも相手を射止めるまでは彼女を仕事と同じように口説きますが、目標を達成すると「この仕事は終わった……」と安堵し、寡黙となり音信不通になります。

④男のプライド

男は女と付き合えば、自分が上だと錯覚します。彼女の優しい思いやり、尽くす心を勘違いして自分が上だと思ってしまうのです。

そのため女から責められたり否定されたりすると、すぐにそのプライドは傷ついてしまう。女に否定された男は「黙る」ことで自分を守るしかないと考えます。口では女に勝てないから音信不通で自分のプライドを保つしかないのです。

⑤プレッシャーに弱い

プレッシャーに弱い男は、彼女と順調なときは毎日楽しそうに連絡をしてきますが、ひとたびプレッシャーを与えるともう連絡してきません。「責任取ってよ」という言葉に弱い。彼女から「私とはどういうつもりで付き合っているの？」と詰められると途端に暗くなって下を向きます。

さらに「今後どうするの？　結婚はいつなの？」と言われると、顔面蒼白《そうはく》になり人が変わったようにうろたえてしまう。そして翌日から連絡が来なくなるのです。

⑥責任逃れ

恋愛は責任を取る必要がない。なので男性は気軽に交際に進めます。しかし責任を取る結婚となると逃げる。連絡さえつかなければこっちのもの。あとはその女があきらめてくれるまで待つしかないと考えるのです。

⑦遊び

女性との付き合いは遊び。今は彼女はいらない。結婚も当面する気はない。でも独りだと寂しい。寂しいから遊んでくれる女性がほしい。そうした目的で女性に近づくが相手がその気になると途端に音信不通にします。

⑥の「責任逃れ」と⑦の「遊び」には、この先の可能性がありません。

女性は可能性のないものに深く関与する特徴がありますが、いくら好きでも、いくら愛していても、可能性のないものは無理をしない方が得策です。

次項から、恋愛での音信不通になるケースについて、可能性のある4タイプの男性への対策を述べていきます。ただし、すべてがその通りうまくいくという保証はありません。

私からのアドバイスは、「男の音信不通なんて大したことはない」と言い切れるような女性になってほしいということです。

自分さえしっかりしていれば、相手の不誠実な音信不通にうろたえることはありません。相手の行動が「人として、どうなの?」なら、あなたは「人として正しい行動」をとればいいのです。

余談ですが、私があなたなら音信不通の彼に対して何もしません。「放っておく」のが一番いいからです。不誠実な相手は無視して放っておく。相手が誠実さを取り戻すまで放っておく。いつまで経っても相手の誠実さが戻らないなら永遠にサヨナラでもいい。愛する人を失うことはこれっぽっちも怖くありません。

怖いのは自分の心が折れて自分自身を見失うことです。そうなったら一生後悔することになります。だから不誠実な相手には何もしない。

この心が皆様にも宿ることを祈っています。

16 面倒くさがりやの男性に対しては

自分からは彼に連絡をしない

面倒くさがりやの男性は、「面倒くさがりは男の専売特許」というような男の悪い性格を持っています。束縛されることを嫌い自由気ままに生きることを好みます。

面倒くさがりやの男性は、ある面では男らしいタイプです。しかし、男らしさは女性らしさの対極にあるので、女性にとってはこの上ない苦しみを与える存在となります。

このタイプの男性は面倒なことに対しての抵抗が強く、相手をしている女性の方がだんだんと疲れてきます。そして身も心もボロボロになって私のところを訪ねてきます。

私のアドバイスは、「女性が放っておかないから彼は安心して連絡をしてこないのです。だから放置しましょう。面倒くさがりやの男性でも長く放置されると、さすがに不安を覚え、彼女に連絡をしてきます」。

彼女は男性にとって時に面倒だが、愛する存在でもあるのです。**面倒になって音信不通にすることもありますが、愛が片隅に残っている以上は必ず連絡してきます。**

あれこれ考えて悩むより、放置すると決めれば彼から連絡は来るものです。

そして連絡が来たら舞い上がって喜ぶより、次は立場を逆転させることを考えるのです。その方法は、彼から久しぶりに連絡が来たら、最初は包み込むように優しく迎え入れてあげて、徐々に冷たくしていくやり方をとってください。

冷たくすると彼はまた面倒くさがって音信不通になることもありますが、気にしないことです。冷たくされた男性は気になって近いうちにまた連絡してくるからです。

人は自分がやったことを同じようにされて自分の過ちに気づきます。逆転することができれば、彼のあなたに対する面倒くさいという態度はだんだん改まっていきます。

老婆心旺盛に、積極的に連絡を続ける

「放っておく」ことはできないという女性もいます。

放っておくということは彼から連絡が来るまで待つことで、「できない」という女性の方が圧倒的に多い。恋する女性は1日も待てない、頑張って待っても数週間、半年、1年と待つことはできない。

男性なら平気で数年放っておくことができますが、女性はそこまで待てない。数年経ったらもう彼氏ではないからです。女性が放置できない理由は、連絡が取れなくなった結果、自然消滅、あるいは向こうに新しい女性ができる、というふたつを最も恐れているからです。その恐れがある以上、放っておくことはできないのでしょう。

ではどうすればいいか？

「老婆心旺盛な女性になりましょう」ということです。これがふたつめのアドバイスです。

老婆心とは、必要以上に心配したり、世話を焼いたりすること。そう、おせっかいな女性になることです。好きだからこそ世話をする、好きだからこそ尽くす。それを

とことん極めるのです。

音信不通にされた女性は中途半端です。彼に嫌われたくない気持ちがそうさせているのですが、これではかえって彼は殻に閉じこもります。**女性の強みである老婆心をとことん、明るく元気に発揮して彼に連絡を取り続けることです。**

「面倒くさがる男性は実は寂しがりや」――そう信じて果敢にアタックすることです。音信不通にしている男性の大半は彼女からの連絡を拒んでいるわけではありません。ただ返事をしないだけです。

心が落ち着いたら次は自分なりのルールをつくりましょう。ルールはまずマイナス思考を排除することです。「彼は私の行動を、ウザイ・しつこい・重いとは思わない、着信拒否にもしない。そのためにメールは明るいものだけを送る」と決めます。マイナス思考が排除できたら、「私は積極的に彼に連絡をする。彼が心を開いてくれるまでそれを続ける。私は最後まであきらめない」と決めます。

放っておくなら放っておく。積極的に行動するなら、老婆心旺盛に行動する。どちらも中途半端はいけません。どちらを選択しても最後まで続けることです。

17 精神的に弱い男性に対しては

女性にとって一番悩み苦しむのが、精神的に弱い男性との交際です。

無礼極まりない面倒くさがりやの男性と違って、このタイプは親切で優しいので、マメに連絡をしてきます。毎日のように連絡をくれる彼に女性は安心します。

ところが、ちょっとした感情のトラブルが発生すると、途端に連絡がつかなくなります。

女性にとっては、彼は何に傷ついたのか、何を考えているのか、今後どうすればいいのかまったく見当がつかず、どう扱っていいのかわからない相手となります。

最初にマメだった分、いきなり音信不通にされると、「なんで?」と不安な気持ちになります。「私のせい? 私が何か気に障ることをした?」という具合に相手が音信不通にした原因を自分のせいだと考えていきます。原因を深く考えれば考えるほど自分を追い詰めていき、やがて女性自身も心が折れていきます。

自分が精神的に強くなる

人の気持ちは誰にもわかりません。とくに精神的に弱い人の気持ちはとても繊細で神経質なので、そのナーバスな気持ちを理解する方が無理な話なのです。

そんなことに時間を費やすより、あなた自身をしっかりさせることが先決です。うろたえるより、冷静になることです。

冷静になれば、相手のネガティブな気持ちに感情移入することはありません。相手のマイナス思考に同化することもありません。相手のネガティブスパイラルにあなた自身が巻き込まれないことです。

愛は波動でつながっています。片方が落ちて、もう片方も落ちたらふたりは奈落の底に落ちます。そうなったらふたりの愛は修復されません。片方が落ちたら、もう片方は落ちないことです。**落ちない自分をつくる、これが先なのです。**

精神的に弱い男性との交際では、「彼に合わせてネガティブになるより自分をしっかりさせること」にポイントを置きましょう。

精神的に強い自分をつくるのは並大抵のことではないことはわかっています。わかってはいますが、つくろうと思えばつくれるものです。

彼のわけのわからない音信不通に悩んでいる時間をすべて、心を強くする時間に充てればつくれるはずです。悩みを増幅するのは、そのことばかりを朝から晩まで考えているからです。そんなことをしても問題は何ひとつ解決しません。

あなた自身を正しい方向に軌道修正できたら、彼を自分の正しい世界に引っ張り込むことです。その作業はとても根気のいる作業ですが、信念があれば成せます。

あなたは彼が落ちても自分は落ちないと決め、冷静に彼を見守り、あとは彼が必要とするまで待つという信念を持つのです。

待つことで信念は育ちます。忍耐によって信念ができた人は、もうマイナスな発想を持ちません。

「このままでは自然消滅になってしまう？」「他の女性のところに行ってしまう？」というようなマイナス思考は持ちません。

チャンスは必ず来ると信じているからです。

そこまで信念が育てば、彼は必ずあなたの手助けを必要とするでしょう。それをあなたは女性らしく優しく受け入れてあげればいいのです。

間違っても責めたりしないように、精神的に弱い人は、ちょっと責められたりするとすぐに殻に閉じこもり、音信不通にするクセがあります。ぶれない心で、こちらが決めた正しい方向で根気よく続けて、彼をこちらの世界へ引っ張り込むことです。

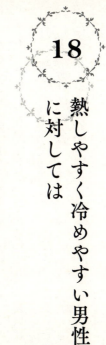

18 熱しやすく冷めやすい男性に対しては

すぐに相手の男性に本気にならない

最近は熱しやすく冷めやすい男性も増えてきました。
女性が警戒しているうちは、かなりマメにアプローチしてきます。歯の浮くようなロマンチックな言葉も連発します。その熱烈なアプローチは、しばらく恋愛から遠ざかっていた女性にとってはとても刺激的で、忘れかけていた気持ちを再燃させてくれます。警戒心を持ちながらも、恋を優先させたい気持ちには勝てず、だんだんと心を許していきます。

でも心を許したら最後、許した途端に相手は冷めていきます。
自分に熱心にアプローチしてきた彼のテンションを取り戻したいと頑張っても、相手の勢いはどんどん下がっていき、やがて音信不通となってしまいます。

このタイプの男性には、中身が見えるまでは本気にならないことです。

すぐに落ちるから、相手はすぐにあなたのことに飽きてしまう。逆に飽きさせなければ音信不通になることはありません。「攻略できそうで、なかなか攻略できない手強い女」になる。これがテクニックです。

警戒心は女性の本能ですが、このタイプはそれを解くのが上手です。基本的に女性慣れしているので、女は押して押して押しまくれば落ちるとわかっているからです。その手にまんまと引っかからないことです。

メールで「ワー❤」とか「すごい❤」とか、男が手ごたえを感じるように応戦してみる。「こいつもうすぐ落ちるな」と思わせることも肝要ですので、頭でっかちの冷たい女性になる必要はありません。

相手がゲーム感覚なら、あなたもゲーム感覚で合わせる。相手の趣味に合わせることも、相手を引き寄せるポイントです。

相手の性欲の誘いに乗らない

女を落とすことに夢中になっている男は、体の求めも早い。けれども「この人は手が早い、危険な人」と感じながらも、相手の誘いに乗ってしまう女性も多いのです。相手の誘いに応じてしまうのはメールのやりとりの中にそれを予期させるような言葉、事前予告がすでにできているからです。

作戦のひとつめは、「あなたがシンデレラになること」です。シンデレラには午前０時の門限があり、門限になれば帰ります。これを現代風に訳すと、門限は終電です。相手と楽しいデート中でも終電には帰ることです。終電で帰るということは、ホテルに行かない、彼の家に行かない、彼を自分の家に入れないということです。そのルールをしっかり守ることです。

「終電だから帰ります」と言う。男性が性欲で熱くなったときにはぐらかす。ここがポイントです。帰るときは余計な言いわけはしないでサッサと帰ることです。引き止められても、「いいえ、明日早いので今夜はこれで失礼します。どうも御馳走様《ごちそうさま》でした」と言ってあっさり帰ることです。

「いける」と思った瞬間にさらりとかわす。

その気にさせておいて逃げる女は、一度釣れかかった魚と同じで、逃がした女は大きいのです。その逃がした気持ちが、その男の今後の行動の原動力となります。

見極めるまで熱くしたり冷たくしたりする

作戦のふたつめは、あなたも熱しやすく冷めやすい女になることです。これは私の長年の経験から生まれたルールです。

相手のテンションが高ければ、あなたもテンションを高くする。そして相手のテンションが高いうちにあなたは冷たくする。相手が冷める前にあなたが冷めるのです。秋の空のようにコロコロ変わる女心に相手は熱を冷ます余裕などありません。それを繰り返せば、相手はいつまでも熱いままです。あなたは、いいところまで行くのになかなか手に入らない女。

あなたがそうやって振りまわしていくうちに、彼の疲れはピークに達します。イライラし、あなたを脅したり、あなたに怒ったりすることになるでしょう。

しかし、ここで女性はいつも失敗しています。「このままでは相手に嫌われてしまう、このままでは終わってしまうという」女性特有の恋愛を失いたくない気持ちが働き、まだ相手の中身が見えていないのに体を許してしまうのです。

そうなったら最後、相手は山を下りるだけです。せっかくここまで引き延ばしたのに、最後の詰めが甘ければ、結局相手のペースです。

そうならないためにはルールをつくりましょう。

「相手が感情的になったら相手にしない」。これがルールです。疲れて怒りをあらわにしたり、子どもじみた感情で懇願してくる男は無視すること。失ってもいい覚悟で臨むことです。

ずっと無視して沈黙していれば、相手の怒りや子どもじみた感情は鎮まり、だんだん冷静になっていきます。

冷静になれば男性は「ここまで来てあきらめるものか！」と、また闘志を燃やしていきます。なぜなら、あともう少しで手に入るあなたをあきらめきれないのです。テンション高くしてもダメ、怒りをあらわにしてもダメ、子どもっぽく懇願してもダメ……となると、あとは誠実な態度しかありません。**あなたの狙いは相手が誠実な態度**

になるまで待つことです。

あとは、相手の中身を見て、あなたがその男性と付き合うのか付き合わないのか判断をしてください。

19 仕事人間の男性に対しては

彼の仕事にもっと関心を持つ

「男性は仕事が命」。これは本書やブログで何度も紹介していますが、男性はやはり恋愛より仕事の方が大切です。

あなたは把握しているでしょうか？

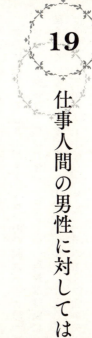

彼がどんな仕事をしているのか？　仕事の状況はどうなのか？　働いている職場環境はどうなのか？　相手が携わっている仕事は暇な時期なのか忙しい時期なのか？　仕事に対する目標は？　熱意やモチベーションは？　疲れていないか？　挫折していないか？　極度のストレスを抱えていないか？　精神的に弱っていないか？

男性は恋愛より喜怒哀楽の世界が仕事上にあるのです。仕事が命である男性は、仕事の忙しさの状況によって音信不通にすることはよくあることです。ですから、彼のことが好きだという女性は、恋愛以上に彼の仕事にもっと関心を持つべきです。

女性はメールの返事が来ないだけで、

「もう私のことはどうでもいいのね……私のこと嫌いになったのね……」

さらに、

「他に好きな人ができたのね……」

これだけ悩みます。

私から見れば、女性はまだまだ「男性は仕事が命」だということを理解していません。

女性は忙しくてもメールするくらいの時間はあると思っています。けれども女性はその離れ業ができますが、男性は彼女にメールするたった1分の時間もつくれないのです。たとえ1分の時間があったとしても、いいえそれ以上に時間はあるのですが、メールはしません。大半の男性は仕事モードのときは恋愛を一切しないと決めているからです。

なぜなら、男性は恋愛モードになると仕事のモチベーションが下がってきます。彼女に1回メールすると、そのことが気になり仕事が手につかなくなります。せっかくいいモチベーションで仕事をしていたのに、彼女へのメールで中断してしまったら仕事が止まってしまう、と感じます。モチベーションは1回中断するとエンジンが再始動するまで相当時間がかかり、ゆえに仕事が停滞するのを避けたくて彼女に連絡を取らないようにしたいと考えるのが男性です。

仕事人間になった男性は、彼女からのメールが来ても一切無視するよう脳が指令を出します。

「おまえ、いつまで女にうつつを抜かしているんだ！　このままでは仕事がダメになる、このままではライバルに負けるぞ！　そうなったらおまえの人生は終わりだ！　もっと真面目に働け！」という具合です。

女性から見ればなんともバカバカしい男性の思考回路ですが、これが現実です。

まずはその事実を知らないと仕事人間の男性とは付き合えないでしょう。女性が理想とする、どんなに忙しくても私だけにはマメに連絡してくれる、どんなに忙しくても私を安心させてくれるという絵に描いたような男性がいればいいのですが、仕事人間にはその余裕がまったくありません。ひとたび仕事が忙しくなれば、頭はもう仕事のことしか考えない、それ以外のことは一切考えない、これが仕事人間なのです。

忙しい間は彼をあてにしない

そうした男性を恋人に持っている女性は、**「男の人は、時々恋愛を休みたくなる生き物」だと決めることです**。そう決めれば、彼が忙しい間は彼をあてにしないですみます。

あてにできない彼は放っておいて、自由に好きなことをしましょう。ひとり遊びでも、自分磨きでも構いません。彼の仕事が忙しい間は、彼は放っておいて自由に伸び伸びと他のことをするのです。

――さあ！　自分も忙しくしよう。何をしよう？　楽しいことがたくさんある。しばらく彼のことを忘れて今までできなかったことにチャレンジしよう。彼だけ仕事が忙しく、人としてどんどん成長していく。私だけ取り残されて成長が止まっている。

これじゃダメ、彼にどんどん先を越されてしまう。私も彼に負けないくらい何かを一生懸命やろう。今度彼と会うときはお互い成長して会いたい、きっと彼もそう思っているだろう――。

それができれば彼との関係が壊れることはありません。

うまくいく方法はポジティブになるしかないのです。

そして、もうひとつ、仕事人間の彼には、こうした見方もできます。

――彼が忙しくするのは私との将来のため❤ 5年付き合って彼はやっとその気になってくれた。彼は私のことを心から愛している、愛しているから今は仕事を頑張ってくれている。これでよし！ これでやっと私たちの将来が見えてきた――。

仕事で頑張っている彼に対して、あなたは以下の行動をしましょう。

彼が好きなら、彼への連絡ツールはOFFにする。

ポジティブな発想で前向きな思考を持つ、余計なことは一切考えないで相手だけを信じる。これに徹した方が仕事人間の男性とはうまくいきます。「男は100％自分を信じた女を裏切らない」、そう信じてポジティブになることです。

ものはとらえようです。人生をネガティブに大袈裟《おおげさ》に考えることはありません。

もっと単純でいい、そしてもっと素直でいい。ポジティブなプラス思考とはそういうことを言うのです。

20 ３ヶ月音信不通だったら、それが彼の答え

あなたの人生を無駄にしないために

今まで数々の音信不通に対する心構えと対策を述べてきましたが、音信不通にしている男性の中には、何をやっても効果がない人もいます。

無言の沈黙を続ける相手に、女性がどれだけ悩み苦しんでも、どれだけ頑張っても、まったく効果がない……。悲しいことですが、そういう男性も実際にいます。

このタイプの男性は、もはやどうすることもできません。そういう男性の見極め方は、目安を３ヶ月と決め、その間音信不通だったら「それが彼の答え」と決めて、そのあとは執着しないで、きっぱりとあきらめることです。

３ヶ月音信不通だったら、何年も音信不通となり、一生音信不通になる可能性もあ

ります。**3ヶ月も音信不通にしている相手の気持ちは、もはや冷めていると判断すべきです。**

長く音信不通になっている相手には、どこかで筋を通さないと人生を無駄にするだけです。恋愛は頑張ればすべてがうまくいくというものではありません。場合によってはあきらめることも大切なのです。好きな人をあきらめることは、とても酷なことかもしれませんが、努力してもかなわないことも、人生にはあります。

あきらめることは後ろ向きではなく、むしろ前向きです。ひとつの課程を終了させて前へ進む。恋愛も卒業が大切です。いかにたくさんの恋愛を卒業したか、それによってあなたの人生が決まるのではないでしょうか。

音信不通にしている不誠実な相手は早く卒業して、誠実な相手を探してください。あきらめることは前へ進むための、卒業証書なのです。

第4章

浮気をされたくないと思ったら

21 男はなぜ浮気をするのか？

男は、欲求不満があるから浮気をする

男の浮気は太古の時代から女性を苦しめてきました。

女の敵ともいえる男の浮気。第4章ではこれを具体的にわかりやすく解明していきます。男が浮気をする原因と仕組みが理解できれば、対抗策もつくれるからです。

男性の浮気で苦しんでストレスのドツボにハマるより、どうして男性は浮気をするのかを知りましょう。理にかなった方法で対処していけば、男は浮気をやめ、女性を手放さなくなります。


浮気の定義はこうだと決めつけられませんが、長年の経験で、男性が浮気をする原

因が少しずつ見えてきました。

その最たる原因は欲求不満です。

欲求不満があるから浮気をすると言っていいでしょう。パートナーに不満があるから浮気をする。己自身に不満があるから浮気をする。

つまりパートナーと己自身になんらかの欲求不満があるから浮気をしてしまう。そんな気がしてなりません。逆に言えば、欲求が満たされていれば浮気はしないということになります。

浮気に至る欲求不満とは何か？　それを解明するために「マズローの欲求段階説」を取り入れました。マズローの欲求段階説を男性の恋愛に置き換えてみると男の浮気の全貌が見えてきます。段階ごとの欲求が満たされていないから、男性は浮気に走ることがわかるのです。

マズローの欲求段階説

まずは人の欲求を５段階に分けた「マズローの欲求段階説」を見ていきましょう。

①生理的欲求

空気、水、食べ物、睡眠など、人が生きていく上で欠かせない基本的な欲求。

②安全の欲求

生命の安全と安定を守る欲求。人間が生きる上での衣食住などが根本的に確保されていること、また暴力などの危険を回避するための身の安全の欲求。

③社会的欲求

会社、家族、国家など、あるグループへ帰属していたいという欲求。他人と関わりたい、他者と同じようにしたいなどの集団帰属の欲求。

④自我の欲求

他人からの称賛を求める欲求。自分が集団から価値ある存在と認められ、尊敬されることを求める認知欲求。

⑤自己実現の欲求

最後は自己実現の欲求。あるべき自分になりたいという欲求。自分の能力、可能性を発揮し、創造的活動や自己の成長を図りたいという欲求。

男性の恋愛における欲求段階説

男性の恋愛を、欲求段階説に置き換えると次のようになります。

①生理的欲求

男性の生理的欲求は、ずばり「性欲」です。男性が女性を見る場合は、性の対象として見ています。SEXの対象となる女性を食事やデートに誘い、対象にならない女性は食事やデートに誘いません。ビジネスや社交上の付き合いで誘うこともありますが、プライベートでは誘いません。

②安全の欲求

性欲の欲求が満たされると、次は安全の欲求へとうつります。安全の欲求とは「信頼関係」の欲求です。男性の恋愛の流れは、性欲が先に来て、次に精神的な信頼関係が続きます。

「僕を信じてほしい」、これが願いです。女性が自分を信じなかったり、自分に疑いを持ったりすると、この女性とは「ないな」という判断が下されます。

③社会的欲求

恋愛の欲求の第1段階（性欲）、第2段階（信頼関係）が満たされた男性は、本来の役目である「社会性」を高めることに重点を置きます。

会社、仲間、友人など、あるグループへ帰属して他人と関わり、他者と同じようにしたいなどの集団帰属の欲求が生まれる。社会に関わり、仕事に専念することで、彼女との将来の結婚も見えてきます。男性が女性にお願いしたいのは、仕事や社会に戻って忙しくしている間は、「自分を信じて待っていてほしい」ということです。

④自我の欲求

恋愛における男性の自我の欲求は、「自分を褒めてほしい、自分を尊敬してほしい」

と彼女に称賛を求める欲求です。

社会において7人の敵と戦いながら疲労困憊《こんぱい》している男性は、唯一の味方が愛する彼女だけ。他人から責められ、バカにされても、彼女だけは自分の味方であってほしい。たとえ自分が犯罪者でも彼女だけは自分の味方であってほしいと思っています。

他人と同じように自分を責める、自分をバカにする彼女では男のプライドが傷つき別れることになります。

⑤自己実現の欲求

①～④を段階的にクリアしていけば、ふたりの将来の自己実現の欲求が生まれます。①～④はまだ他人ですが、⑤では名実ともに結ばれ、結婚になります。恋愛の卒業式を迎えるこの段階は、達成感のある欲求となります。

いずれの段階においても、男性の欲求が満たされなければ浮気につながっていきます。次項からひとつずつ、その対策についてアドバイスしていきます。

22

生理的欲求からの浮気

外見を磨き続ける

彼女に性欲を感じなくなったから浮気する

男性の欲求不満で一番厄介なのが、「病的な女好き」です。これればかりはもはやどうしようもなく、弁解の余地もありません。ひとりの女性では満足できない、たくさんの女性とSEXしたいという病的な男性は、救いようがないからです。

男性には少なからずそういう部分もあるのですが、ほとんどの男性はそれを理性でコントロールしています。ですから病的な女好きはごく一部しかいません。もしあなたがその男性に当たったのなら、運が悪かったとあきらめ、さっさとその男性とは別れることです。

問題なのは病的な女好きでもないのに、他の女性と関係を持ってしまう男性です。

これは男性も悪いのですが、付き合っている彼女の側にも原因があるのです。

これはあくまでも男性側の言い分ですが、彼女は自分に対して「手を抜いている」つまり「女としての努力が足りてない」ということです。

以前より綺麗になることに気を使わなくなった。太って体型が崩れたのにダイエットをしようともしない。長く付き合うにつれて、そんな具合に性的魅力がなくなった彼女はだんだんと性欲の対象ではなくなり、セックスレスとなってしまった。そうなれば、男性の恋愛における№1の欲求を満たすべく、他の女性に手を出してしまう。

逆に考えれば、女性が女としての魅力に磨きをかけていれば浮気をしません。第1段階の性的欲求が満たされれば、一部の病的な女好きの男性を除いて、一般の男性は浮気をしないことになります。


だからこそ、女性たちには次のことを心がけてほしいと思います。

それは「勝って兜《かぶと》の緒を締める」ということです。

恋人になれたからといって安心して気を緩めないこと。

どんなにラブラブなときでも、兜の緒を締め直して美と体型に気を使うこと。

女としての魅力を維持し続けることが大切です。この意識があれば、彼はあなたに対して欲求不満になることはありません。つまり、生理的欲求から浮気されることはないのです。

23 安全欲求からの浮気
男を信じる

彼女が信用しないから浮気をする

性欲の欲求が満たされれば、次は信頼関係です。

恋愛において男性が女性に望むのは「自分を100%信じてほしい」、これだけです。これが女性に望む一番の精神的な欲求となります。

SEXは信用を勝ち取るための単なる通過点。男性は、好みの女性だからこそ猛烈にアタックして自分のものにしたのです。でもそれは単なる表面だけのもの、外見がその男性の好みだったにすぎません。

本格的な恋愛に発展するかどうかは、彼女が自分を信用してくれるかどうかにかかっています。彼女がなんの疑いもなく自分を100%信用してくれれば、男性はも

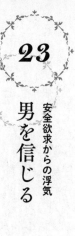

はや何も言うことはありません、その女性を一生愛し、手放すことはないでしょう。

たとえ第1条件のSEXの相性がよかったとしても、彼女が自分に疑いを持つと、「もうこの女性とは付き合えないな」という判断を下します。「僕と付き合う女性は、僕に対して微塵《みじん》も疑いを持ってはならない」。こうした欲求が満たされなければ、男性は欲求を満たしてくれる女性と浮気をしてしまうのです。


実際、付き合い始めは彼女を大事にしていたのに、彼女が疑いを持ち始めると浮気に走る男性があきれるほど多いのも事実です。

男性の「100％僕を信じて」の裏には、男は外で活動する生き物だから多少の嘘と悪さはつきもの、それは大目に見てほしいということです。自分は外で遊ぶが、本命は君だから何も心配することなく堂々としてほしい」ということです。

男の浮気は女のプライドではやめさせることはできません。

「男は自分を100％信じた女を裏切らない」。これを心から信じるかどうかです。

この習性を知れば「騙されても信じる」という結論にたどり着くはずです。

それをわかっている女性は浮気の被害が少なく、反対に男を疑ってばかりいる女性は、浮気の被害が大きいということです。結局、男性の浮気をやめさせることのできる女性は、浮気されても気づかない女性か、大きな心で男性を信じる女性か、裏切ったら本気で別れることができる女性かのいずれかなのです。

女性は男性を疑う生き物。

女は好きになればなるほど男に疑いを持ちます。「どうせ私より若くてキレイな女性の方が好きなんでしょ？」と、皮肉とも言える疑いは晴れません。**その疑いは愛から来ていると思いますが、その愛は男性には通用しません。自分に疑いを持つ愛など、どの男性にも通用しないのです。**

では、男性を信じるために女性はどうあるべきでしょうか。

男性の隠し財産とも言える本音をここで暴露します。

それは、彼女に日光東照宮の三猿になってほしいのです。

「見ざる・言わざる・聞かざる」――男性の悪事を見たり・言ったり・聞いたりしないで、素直なままにその男性を信じて付き合うことです。

男の悪いことは何も知らない女性が幸せになれます。それが男性の理想とする女性なのです。

24

社会的欲求からの浮気

男の仕事を理解する

彼女が仕事の邪魔をするから浮気する

恋愛の欲求の第1段階（性欲）、第2段階（信頼関係）が満たされた男性は、本来の役目である社会性を高めることに重点を置きます。

男性は恋愛に長く滞在することはできません。平均して半年ほどで社会や仕事に戻りたいと感じるようになります。

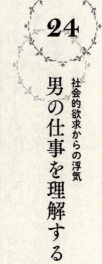

これが恋愛の第2ステージ、この段階にさしかかると、男性は女性を置き去りにします。男性の本能である社会的欲求は強く、恋愛より仕事を優先させるのです。

すでにお伝えしたように、この恋愛の第2ステージである社会的欲求の段階でたくさんのカップルが別れています。

男性はただ本能に従って社会に戻っているだけなのに、放置された女性はそれとは別の考えを持つからです。その考えとはネガティブ思考です。ネガティブがネガティブを生み、やがてネガティブスパイラルの竜巻が発生します。そのスパイラルは男性の仕事を邪魔する凶器となるのです。

不思議と男性がめちゃくちゃ忙しいときに限って邪魔をしていきます。命である大切な仕事を邪魔された男性は、どんなにその女性が好きでも、もう無理、その女性と今後やっていけないと思うようになります。男の仕事を理解できない凶器で自爆した女性を尻目に、男性は自分の仕事を理解する女性と浮気をします。

「男は仕事が命」――辛くても、これをインプットしてください。インプットできれば、彼が忙しいときに邪魔はしないはずです。

そしてこの時間を自分磨きに有効活用することです。自分磨き中は彼のことを考えないことです。中途半端でなく１００％自分磨きだけに専念してください。

期間は、恋愛の第１ステージの期間をまず目標にしてみましょう。**ラブラブの期間**

が半年なら、半年間彼に仕事だけに専念させて、自分は自分磨きに専念する。このくらいの目標がいいでしょう。

この間、まったく縁を切る必要はありません。彼には週に1回程度メールをしてください。彼は忙しいから返事は期待しないという心で。

彼が社会的欲求の段階に進んだら、あまり四の五の考えてはダメです。恋愛はお休みして、あなたは自分磨きに専念する。連絡は週に1回こちらからする。そのくらいの単純な計画の方が男性とはうまくいきます。間違ってもネガティブスパイラルの渦の中に身を置かないことです。

25 男を称賛する

自我の欲求からの浮気

彼女が自分を尊敬して、称賛しないから浮気をする

恋愛における男性の自我の欲求は、「自分を褒めてほしい、自分を尊敬してほしい」という彼女に対する気持ちです。

自我の欲求の部分で私がいつも思い出すのは、第16代アメリカ合衆国大統領、エイブラハム・リンカーンです。

「奴隷解放の父」と呼ばれ、南北戦争による国家分裂の危機を乗り越えたことなどが評価され、歴代大統領のランキングではしばしば最も偉大な大統領のひとりに挙げられ、称賛されてやまないリンカーンですが、人生唯一の汚点がメアリー夫人との結婚でした。

メアリー夫人の悪妻ぶりは有名で、口やかましく、年がら年中、夫であるリンカーンに不平や非難を浴びせました。薪《まき》で夫をなぐりつけ、熱いコーヒーを浴びせかけたこともあります。夫人のわめき声は、絶え間なく近所中にひびきわたっていたと言います。ヒステリックで激情を爆発させるメアリー夫人の度重なる家庭内暴力に、リンカーンは鬱《うつ》病になり、仕事が終わっても家に帰らず、友人宅やホワイトハウスで寝泊まりしたそうです。

そんなリンカーンの晩年の言葉が「世界の称賛より、妻からの称賛がほしかった」――これが、男の自我の欲求の原点だと私は思います。

男性は尊敬と称賛を与えてくれない女性とはともに人生を歩むことはできません。

ヒステリックで口やかましい女性とは別れ、尊敬と称賛を与えてくれる女性と人生を歩みたいと考えます。傍目《はため》から見れば浮気ですが、尊敬と称賛を与えてくれる女性に対しては「浮気」ではなく「本気」です。

裏を返せば、ヒステリーを爆発させても、彼女の心の中に自分に対する尊敬と称賛があれば男性は浮気をしません。

感情的になって喧嘩をしたとしても、最後は相手の言い分を認めて、それを称賛してすぐに仲直りすることです。これができる女性に対して男は、「彼女とは時々ぶつかるが、心の底では僕のことを尊敬している。僕を誰より称賛してくれる」と感じます。そうなれば、喧嘩もふたりの関係を深める好材料となります。

ヒステリックな感情はうまく調理することです。その調理法は、最後は冷静になって、相手を敬うことです。ヒステリーを尊敬と称賛の調味料にすることですね。

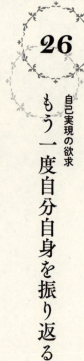

26

自己実現の欲求

もう一度自分自身を振り返る

彼女とは結婚できないから浮気をする

①生理的欲求（性欲）②安全の欲求（信頼関係）③社会的欲求（仕事の理解）④自我の欲求（尊敬と称賛）といった段階ごとの欲求が満たされれば、次は愛の最終段階である自己実現の欲求へと進みます。

人を愛するものとして最も達成感のある欲求です。自己実現が現実になれば、ふたりは晴れて夫婦となり、愛の完成形がここに生まれます。

自己実現に至らなければ、「結婚できない」という厳しい審判が下されるでしょう。その場合、女性の今までの苦労は水の泡となります。「君とは結婚できない」と別れようとする彼、別れるのは嫌だと言いながら別れを阻止しようとする彼女。堂々巡りのふたりは決着がつかず、彼は執着する彼女から逃げるように他の女性へと向かいます。

最後の最後に浮気をされないために

まだ間に合います。もしあなたが結婚を望むのにそこに至らない場合、これまで述べてきた男性の恋愛における欲求の4つの段階のうち、自分はどこに不備があったのかをもう一度チェックしてみることです。

①の「SEXの相性」が悪かったのか？

SEXに関しては、受ける側の女性が直せるものと直せないものがあると思いますが、直せるものなら直すよう努力してください。

②の「信頼関係」が保てなかったのか？

彼を信用することができず疑ってばかりいた、ということはありませんか？

頭がよく仕事ができて、女性にモテそうな彼を信用することができなかった。男女分け隔てなく付き合える彼を信用できなかった。ダメ男でだらしない彼を信用できなかった……。

信用できないまま最終段階まできているわけですから、残された方法は、もう100%信用するしかありません。逆に100%信用できないとなれば、あなたの直感に従って別れてください。そうすれば今後は彼のことで悩まないですみます。

それでも彼が好き、苦労をいとわないとなれば彼を100%信じることです。最後は信じた者が勝つという強い精神で臨むことです。

③の「彼の仕事」が理解できなかったのか?

彼の仕事の忙しさが理解できず彼の仕事に嫉妬した。仕事のことしか考えられないという彼に愛情不足を感じた。私を放置してまで仕事が忙しいという彼に疑いを持った。とうとうストレスが限界に達してしまい「私と仕事、どっちが大事なの!」と責めて自爆した……などなど。

彼とよりを戻したいのなら、今からでも遅くない、彼の仕事を理解するよう努めましょう。そして、心から応援することです。男性が求める女性は、自分を信じて夢

（仕事）を応援してくれる女性なのですから。

④の「称賛すること」ができなかったのか？

最初のうちは彼を尊敬し彼に憧れを持っていたが、付き合いが長くなるにつれて彼をバカにするようになった。欠点が目につき、よいところが何ひとつないように思えた。なぜ連絡をよこさないの、なぜ約束を守らないの、ここところがダメ、もっとしっかりして、私はいつ結婚できるの、あなたは意気地がない、なぜ私と向き合わないの、なぜ逃げるの、あなたは女性と付き合う資格はない……などなど。

もしあなたが、彼の人のよさや優しさに甘えて、ヒステリックに責め立てた末に逃げられたとしたら、今からでも遅くありません。もう一度あなた自身の人間性を磨くことです。

そうすれば、彼の欠点が長所に見えてきます。彼を愚弄するより彼を尊敬するようになります。彼を恨むより彼を許すことができます。彼を憎むより彼を愛することができ、彼を尊敬して称賛することができるでしょう。

この恋愛の欲求段階説は男の自己満足、身勝手な男社会の欲求かもしれませんが、ここに男が手放さない女のカギがあります。

すべてを100%満たすことができなくても、少しでも合格する努力をすれば、男はその女を手放さないはずです。なぜならそれをしている女性は少ないからです。

この5段階は男の恋愛のすべてが詰まった欲求です。

SEXの相性がよく、男を信じて、男の仕事を理解して、その男を心から称賛して、最後に自己実現を果たしてくれる女性は、確実に「男が手放さない女」となるのです。

27 男の浮気をやめさせる方法

彼の罪悪感を突く

男の浮気をやめさせる方法はありますか？　という質問に対して、私は「ありません」と答えます。

唯一あるとすれば、前項で述べたような男性の恋愛の欲求段階説をひとつひとつチェックして自分の不備を見つけ、そこを改めることです。まずは自分から努力を惜しまないことです。

それでも彼の浮気がやまない場合は、彼の人間性の問題。その人間性に訴えて、あとは反応を待つしかありません。

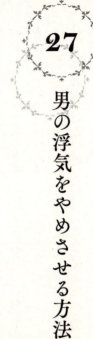

彼の人間性に訴える方法は、シンプルな方がいいでしょう。
たとえばこんな具合です。

彼女「あなた浮気をしていないわよね」
彼「浮気なんかするわけないだろう」
彼女「このメールの女の子とはどういう関係？」
彼「オマエ、オレのケイタイ見たな！　許せない」
彼女「あなたが無造作にケイタイを置くから悪いのよ、それとも私がケイタイを見てはいけない理由でもあるの？」
彼「むむむ……。そんなことはないよ、この子は単なる友達だよ」
彼女「あっそ、単なる友達？　だったら安心したわ、あまり私を心配させないでね」
彼「わかったよ……」

彼女の意表を突いた浮気追及には、どの男性もたじろぐものです。そしてどの男性も嘘の言いわけをします。ここがポイントで、これ以上追及しないことです。

あまり深く追いつめると窮鼠《きゅうそ》猫をかむという最悪の事態に発展しかねません。そうなったらふたりの信頼関係は総崩れとなり、愛は破綻するでしょう。

あなたは十分に彼に罪悪感を植えつけました。

あとは彼の人間性です。彼がまともな人間性を持っていれば、その軽い追及だけでも十分なブレーキとなります。彼女にブレーキをかけられた男性は、深く反省するものです。

女性のいけないところは彼に考える暇を与えず、追い込むような形で彼を責めるところです。反省の火をつけたのなら、あとは彼の人間性に任せることです。

それで、ほとんどの男性は浮気をやめるでしょう。

それでも浮気をやめない場合は？

中にはそういう男性もいます。彼女に注意されても、「オレは何も悪いことはしていない」と言って浮気を続ける男性です。

あなたはその態度にイライラしないことです。ふてぶてしい態度をとる裏には、実はその裏で彼女を恐れているのです。そのため本心のところでは反省し、浮気相手のランクを下げていきます。彼女が怖いから、逆にその子に本気にならないようにセーブしていくようになるのです。

男性の浮気はランクで決まります。彼の浮気疑惑で、彼女が感情的になって執拗に責めれば、彼女のランクは下がり浮気相手のランクが上がる。その逆は、浮気相手のランクを下げることになります。

男性の愛は分割方式、ランクの上がり下がりで本命が決まる。彼女は本命としての十分な歴史と彼からの情を勝ちえています。その本命のランクを下げないことです。

浮気がわかったときこそ冷静でいる

ところが女性には男性の愛のランクづけの意味がわかりません。オンリーワンでなければ嫌だと決めつけている女性は、浮気が発覚したときにもろくも崩れます。この崩れ方は尋常でなく、すぐには立ち直ることはできません。態度は暗くなり、陰湿な空気を部屋中にただよわせます。彼もその空気を察して口も利かず黙っています。彼女はなんともいえない悔しさや、彼を失うという恐怖の中で葛藤を繰り返しています。

この重たい空気が嫌で、彼はわざと反逆する行動に出ます。浮気相手にメールをしてしまうのです。開きなおっているのか、わざと喧嘩をふっかけているのか、「オレは悪くない。オレは自由だ」と言いたいのか……。真意は定かではありませんが「もうどうでもいいや」という非常識な行動に出てしまうことが、男性にはあります。

しかし、そこで爆発したら終わりです。ここはぐっとこらえましょう。

いつもここで終わってしまうたくさんの女性たちが私のところを訪れるのですが、爆発したものはもう手の施しようがありません。

ここ一番の危機に真価を発揮するのが本命の彼女の証《あかし》なのです。感情的になって爆発するより、芯のしっかりした女性になってください。罪の意識が増した男性は悪魔に変貌します。その悪魔にうろたえてはいけません。

沈黙の会議は続けるより退散しましょう。悪い空気の下で葛藤による沈黙の会議を続けていたら、男性の方が嫌になります。

そして厳しい言い方ですが、自分は彼にとってオンリーワンでなくなったことを自覚することです。もう一度、オンリーワンに戻るために頑張るか、それとも他の男性にとってのオンリーワンになるのか、よく考えて人生の選択をすることです。

もう一度彼のオンリーワンになるためには?

オンリーワンに戻りたいと思ったら方法はひとつ、それは男のサガ(悪い性格)を突くことです。浮気をする男性は、彼女がいながら他の女性を好きになる厄介な生き物です。「彼女も大事、浮気をしている女性も大事」と女性には考えられないサガを持っています。この男のサガはどうしようもないと批判するのではなく、逆にサガを認めて、その裏にある正しい人間性を突くことです。

——男なのだから、浮気のひとつやふたつくらいある。それがどうした! そんなの大した問題ではない、そんなことくらいで私は落ち込まない、それより彼には私が必要だということを思い知らせてやる、こんないい女は他にいないことを——。

そのくらいの気持ちで臨みましょう。

時々バカになるくらいの明るい態度で臨むこともしましょう。そしてさらに、**心の器のある人から見れば、男の浮気なんてホントに大したことはありません**。「懲りないアホな男」にしか見えない。あなたもそのくらいの器をつくりましょう。

このくらいの気持ちの方が堂々と彼とやり合えます。

そして、**浮気を注意している途中でも、「あなたを信頼している」という態度を言葉で示すことです**。「怒っているけど、最後には許してくれる」。そのホッとする逃げ道もつくっておくことです。

責めても許すこと。怒りの中にも許すという気持ちがあるから、相手の心を正しい方向へと動かすことができるのです。この遊び心に人はホッとします。

人はプライドの高い生き物なので、怒濤《どとう》のごとく責められたら反旗を翻すだけです。言うことは言っても、最後はホッとする形に持っていってあげる。そうすれば男のプライドも満たされ、自分のしでかした過ちに気づくことにもなります。

「自分と真剣に向き合うこんないい女はいない。こんないい女を手放したくない」と浮気相手の女性とは縁を切ります。これであなたのランクはグングン上がり、正真正銘のオンリーワンの彼女になれるのです。

28

浮気男とは別れる

「損切り」をして新しいスタートを切る

彼の「浮気は直らない」と判断し、オンリーワンに戻らないことを決心した場合は、彼とは縁を切ってください。**縁の切り方は「損切り」です。これは、損をしてでも切るということです。**人には誰しも損をしたくないという気持ちが働きます。

でもその損をしたくないという気持ちが、被害を大きくしていることに女性は気づいていません。女性は恋愛において損する役回りが多く、その中でも男の浮気はこれ以上ない損な役回りです。

仕事も手につかず、生活も乱れて、考えることは彼の浮気のことばかり。そんな1日を過ごしてはいけません。1日中考えてしまう事柄は「切る」ことです。損したものはあとで必ず取り返すことができます。「損して得を取る」。その考えこそが人生を豊かにする方法です。

「浮気する男にガマンする必要はない。さっさと別れてしまえばそれですむこと。浮気をする男はどんなに優れた人でも浮気を繰り返す。だからどんなに好きでも私は損切りをする」

物事は決めることです。決められる女性になってください。

決めるべきことは、さっと決めても長い時間かけて決めても、結局同じことです。決まるまでの時間はその人の性格と準備次第。さっと決められる人は、決断力があり準備も早い、長い時間かけて決める人は、慎重でなおかつ決断力に欠け準備不足ということになります。

いずれにしても悪いことは早く決めた方がいいと思います。悪いものにいつまでも執着していると人生を無駄にします。

男の浮気は直りません。きっぱり言います。

「直りません」

直らない浮気男を擁護する考えがあるとすれば、それは浮気の程度と許容範囲によります。

浮気の程度にもいろいろあります。相手に対するまったくの裏切り行為か、あるいは浮気までいかない遊び程度か、社会的に見て単なる付き合いの範囲か。ですから、結局、女性がどの程度まで許せるかなのです。

損切りをするのは我慢の限界を超える浮気です。これはもう直りません。愛情を注ぐだけ無駄です。彼はあなたの愛情を逆手にとって浮気を繰り返しますから、始末に負えません。だったらその始末はあなた自身がすることです。

第5章

あきらめきれない恋の取り戻し方

29 復縁はもう時代遅れ

未来の扉の向こうにあなたの運命の人がいる

復縁は時代遅れというタイトルにがっかりしないでください。「復縁なら川越占い館」と言われるくらい、全国から何万人もの復縁希望者が私の占い館を訪れています。10年間、私はひとりずつ親身に相談に乗りながら鑑定してきました。復縁を希望する人の気持ちは誰よりもわかっているつもりです。だからこそ復縁は時代遅れと言いたいのです。

復縁は未来の扉を開く作業ではありません。復縁は過去の扉をこじ開ける作業です。しかし過去の扉の向こうにはもう愛する人はいません。愛する人は未来に向かっているからです。にもかかわらず、昔を偲《しの》んで無理してこじ開けようとしています。

愛する人ともう一度やり直したい気持ちは、誰もいない過去の扉をこじ開ける作業と一緒です。あなたも過去に留まっていないで未来に向かうべきです。未来の扉の向こうには開かれた世界があなたを待っています。その中にあなたが復縁したい人もいれば、新しくあなたの運命を変えてくれる人もいます。過去をリセットしてゼロからスタートしましょう。

一度割れたガラスコップは元に戻らない

かつては、一度就職すれば会社が定年まで面倒を見てくれました。結婚も一度結婚すれば死ぬまで一緒でした。でも今は違います。実力のない者を会社は定年まで面倒を見ない、結婚も死ぬまで一緒とは限らないのです。

時代が急速に変化し、日本は仕事や結婚においても、欧米並みの先進国になりました。仕事では外資系企業のように実力のない者はすぐにクビを切られ、実力があっても会社の方針で事業が撤退して職を失う時代です。

そんな厳しい時代に生きている男性は、「結婚は仕事が安定してから」と決めているのです。

なぜ結婚は仕事が安定してからと決めているのか？　それは時代に合わせたニーズと防衛本能が働いているからです。

先の見えない不安定な時代、仕事がいつなくなるかもしれない。安定していないのに結婚するとあとで後悔することになるといった考えが常に頭にあるから「結婚は仕事が安定してから」と決めているのです。

男性本人は、結婚は安定してからと決めても、いつまで経っても安定しないのが現代社会の現状かもしれません。家族を持つことで安定する。これが正しい考え方ですが、残念ながらその考え方は少なくなりつつあります。今は結婚においても仕事においても安定した永久就職の時代ではないからです。

そんな時代、いつまでもこれまでの考え方をしていると取り残されてしまいます。今は古きよき時代の、恋愛の末に結ばれて結婚するというおとぎ話は消え去り、ロマンスの末に逃げる男性たちの方が多いのです。

いつまでも乙女心にひたっていると時間はあっという間にすぎ去り、取り残されてしまいます。

復縁はその忘れられないロマンスを取り戻すため、卑怯《ひきょう》にも逃げていった男性の行動に傷ついた女性のプライドを取り戻すためにあります。そしてロマンとプライドをかけて、長く果てしない苛酷な戦いが始まります。

その戦いに、私も親身になって相談に乗ってきました。それによって復縁できた人もいます。

しかし復縁できた人より復縁できなかった人の方が圧倒的に多いのです。やっとの思いで復縁できたとしても、また別れるケースも多い。一度割れたガラスコップは元に戻りません。その事実を10年間私は目の当たりにしてきました。私が持てる能力と技術を駆使しても復縁は難しいと言えます。復縁は統計学で言えば、最も困難な作業のひとつでしょう。その最も困難な作業に人生を賭けるのは人生を無駄にするだけです。

愛は永遠ですが、愛に挫折して逃げていった男性に、いつまでも執着していては、その時点であなたは負け組となります。

その男性とは縁があればいつか戻れます。そう考えて、次にチャレンジすべきです。可能性が低く効率の悪い復縁を目指すのではなく、不安定な時代だからこそ積極的に次から次へとチャレンジしていく道を選ぶことです。

復縁は男からするもの

それでもあなたが復縁をしたいと願うなら、自分から復縁を迫ってはいけません。

復縁は女性からするのではなく男性にさせるべきです。

そのためには、あなたがポジティブでいること。

女性の前に進む行動に触発されて、危機を覚えた男性は、もう一度よりを戻したいと真剣に考えるようになり、そしてよりが戻ったら、もう二度と手放したくない女となるでしょう。

女を安売りしてはいけません。痛み苦しむ復縁の行動は女を安売りしているにすぎません。終わった恋に哀れな姿で復縁を望むのではなく、前に進むことです。

前に進むことで、あなたの価値が上がります。価値が上がれば復縁は愚かな考えとなり、あとは縁に任せる考えに変わっていきます。

縁は神が与えるものだけではありません。自ら働きかけて動かすことができる縁もあります。

これから書く内容は、痛み苦しむこれまでの復縁のやり方ではなく、縁を動かすくらいの斬新なやり方で復縁をする方法です。

そして復縁だけにとらわれるのではなく、新規（新しい男性）も取り入れる発想です。縁を動かすには、新規を取り入れないと動かないからです。

愛を失った女性はそのことに気づかず、なかなか前に進むことができません。

復縁を希望する彼には未来に託した言葉のみを残し、前へ進んでください。

「やるべきことはすべてやった」と思えるぐらい頑張ったら、あとは天に任せる。それぐらいの気持ちでいきましょう。

30 あきらめれば、うまくいく

忘れた頃、奇跡はやってくる

「理解しようとすることは、泥水の中で目をこするようなもの。泥が沈むのをじっと待て。ときが来るまで動かずにいよう」

これは老子の言葉です。

忘れた頃、奇跡はやってきます。

苦しいときに奇跡は起きません。苦しさを忘れたときに奇跡はやってくる。不安・心配・悲しみが消えたとき奇跡はやってくるのです。

奇跡を迎えるときのあなたの心は晴れやかで、嫌なことは何もかも忘れているはずです。だから純粋に奇跡を迎え入れることができるのです。

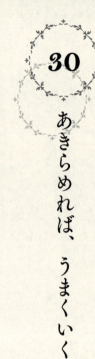

心が疲れたら自分を解放しよう

あきらめることはいいことです。

恋でも、仕事でも、家事でも、お金でも、夢でも、目標でも、趣味でも、旅行でも、遊びでも、寝ることでも、ご飯を食べることでも、心に負担があればあきらめていいのです。

あきらめてはダメという変なプレッシャーに押し潰されることなく、あきらめるときは潔くあきらめましょう。人間はあきらめて、あきらめてうまくいくのではないでしょうか。

彼に別れを告げられたら、あきらめよう……そうすればうまくいく。

彼に音信不通にされたら、あきらめよう……そうすればうまくいく。

彼に距離を置かれたら、あきらめよう……そうすればうまくいく。

彼と自分を解放してあげましょう。恋愛に疲れたのだからそっとしてあげましょう。

あきらめるのは休憩、次にチャレンジするための休憩。人は休まないと息が詰まってしまいます。

ここであきらめたら、私の人生は終わってしまう、と感じますか？

そんなことはありません。人は生きている限り何度もやり直すことができます。

あきらめる勇気を持った人間は、何度でも人生をやり直すことができるのです。

うまくいかないことを、ここであきらめたら終わりだと頑張ったところでうまくいくはずがない。これは泥水の中で目をこするようなもの。

泥水が沈んできれいになるまで待ちましょう。

相手に執着するのをやめる、そうすればうまくいくのです。

31 復縁するための正しい別れ方

いい別れ方をする

彼と別れなければならないときは、秩序ある態度で別れることです。怒りのあまり関係を悪くする別れ方は避けましょう。感情的になって大喧嘩して、お互いをこれ以上ないくらい傷つけて、心を痛める別れ方はしないように。

怒りを爆発させれば、その瞬間はすっきりするかもしれませんが、そのあとで必ず後悔します。

なんであのときあんなバカなことをしたのかと、その後悔がいつも頭から離れず、今後の人生に悪影響を及ぼすだけです。

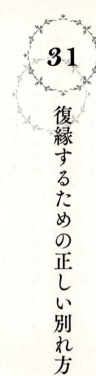

別れのときは、飛ぶ鳥跡を濁さず、これが将来復縁するための正しい別れ方なのです。

男性は別れの会議が嫌い

女性は「別れの会議」が好きです。

こうなった原因は自分にあるとでも思っているのか、自分の過ちを反省して後悔して彼に謝罪したいと言います。

そして謝ったあとは「私はあなたのことがこれだけ好き」という気持ちを伝えたい。謝罪し、最後の頼みの綱である自分の気持ちを伝える。これが女性の別れの会議です。

でも男性はその会議が嫌いなのです。

別れ際に謝罪されても迷惑だし、最後に好きだと言われても迷惑です。気持ちが下がっている男性からすれば、その最後の女性の謝罪と気持ちは負担になるだけです。

男性は別れるときはあっさりと別れたい。楽しい想い出だけを残して、最後に「ありがとう」と感謝して別れたいのです。

え！　これでいいの？　というくらいあっさりと別れましょう。

別れのときは、楽しかった想い出、辛かった想い出が走馬灯のように頭の中を駆け巡り、積もる話もいっぱいあるでしょう。

でも、最後はあっさりと別れることです。ふたりの関係が怪しくなった時期に、お互い散々迷惑をかけてきたのだから、最後くらいはあっさりとした別れを完成させることです。

「あなたに出会えてよかった。こんな私を好きになってくれてありがとう。さようなら、お元気で」。この言葉を最後に、別れを完成させることです。飛ぶ鳥跡を濁さず、最後はいい女で別れましょう。

32 復縁をしたい彼に感謝の手紙を書く

未来へ届く手紙に、あなたの気持ちを託す

あなたが数週間前に彼と別れたとします。傷ついた心が癒やされたら、彼に最後の手紙を書きましょう。別れの理由なんかどうでもいいのです。彼を祝福する感謝の手紙を書いて送りましょう。

【彼の仕事が忙しいという理由で別れたのなら】

「あなたの頑張っている姿を私は応援します。
最初に出会ったとき、あなたの仕事に対する情熱にすごい人だなと感心し、仕事に対するあなたの前向きな努力にとても尊敬しました。あなたの素晴らしい仕事ぶりを

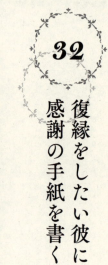

目の当たりにして、私は目から鱗《うろこ》が落ちる思いでした。あなたの仕事に対する情熱、とても素敵だと思います。やはり男の人はひた向きに仕事に頑張っている姿が一番素敵ですね。

私は基本を忘れていました。仕事に頑張っている人が好きだってことを。別れてそのことに気づきました。今さら遅いですが、至らない私に付き合ってくださってありがとうございました。

お仕事頑張ってください。でも無理して体調を崩さないでね、あなたは無理するからそれだけが心配です。私は遠くからあなたの今後の活躍を期待しています。

それではお元気で頑張ってください。ありがとうございました」

【新しい彼女ができた理由で別れたのなら】

「私ではなく新しい人を選んだあなたの選択は正しいと思います。新しい彼女を大切にしてください。意地悪して彼女を泣かせちゃダメよ（笑）。

私は女だから彼女の味方です、新しい彼女にエールを送ります。そしてふたりを祝福します。○○君、彼女を幸せにしてあげてください。私のことは心配しないでください。私は前に進みますから心配しなくて大丈夫です。
○○君と付き合うことができて私は成長しました。その点では○○君に感謝しています。ありがとうございました。これからはどっちが先に幸せになるか勝負ですね（笑）。○○君には負けないよ～（笑）。
では○○君お元気で、あなた方の未来を祝福します」

数年後、彼がこの手紙を再読したら、「なんていい女！」と感動するでしょう。なぜ感動するか、それはこんないい女は、彼が出会った女性の中ではあなたしかいなかったからです。

この手紙は未来に届ける手紙です。その手紙をタイムカプセルで発見した彼は、大急ぎで未来への手紙を書いた女性の元へ駆けつけるでしょう。

33 嫉妬はしない

嫉妬はいけないと知っているのが大人の女

未来に復縁を託すのなら、嫉妬はしないことです。

嫉妬は善意を汚すことになるからです。

たくさんの女性たちが嫉妬によって復縁できていません。復縁できるいい流れで来ても、嫉妬によって台なしになった例は山ほどあります。未来を汚す嫉妬は復縁にとって大きな障害となります。

ですからどんな理由があったとしても、嫉妬は絶対にしてはいけません。

「嫉妬はいけない、嫉妬は善意を汚すことになる」。このことを皆さんに理解してもらいたくて、次の物語を考えてみました。

クリスマスの晩、身寄りのないマッチ売りの少女が幸せそうな家庭を窓越しにのぞいている。お父さん、お母さん、子どもたちが3人いる。綺麗に飾られたクリスマスツリー。美味しそうなケーキと料理、暖炉のきいた暖かい部屋。外は雪、凍えるように寒い。部屋の中からはお父さん、お母さん、3人の子どもたちの楽しい笑い声が聞こえる。

身寄りのないマッチ売りの少女は、幸せそうな家庭を窓越しにのぞき、自分にもお父さん、お母さんがいれば、こんなクリスマスが過ごせるのにと涙を流していた。

そのとき、その家の玄関が開き、中からお父さんが出てきた。慌てて少女はその場から立ち去ろうとした。「待って逃げないで、怖がらなくていいんだよ」という、優しいお父さんの声に少女は振りむいた。いつもなら、「なに人の家をのぞいているんだ！　あっちいけ！」と罵声《ばせい》を浴びせられるのだが、その人は違った。そして彼は、少女に「メリークリスマス」と言って、おすそわけのケーキと料理を手渡してくれた。可愛い小さなリボンもつけて。そのお父さんの温かい心に少女は涙した。

それを見ていた子どもたちは機嫌を悪くして怒った。「なんでお父さんは、あんな薄汚い少女に僕たちのケーキと料理をあげるんだ！　これじゃせっかくのクリスマスが台なしだ」と嫉妬した。

するとお父さんは言った。

「嫉妬はいけないよ、嫉妬は善意を汚すことになる」

少女はペコリとお父さんに頭を下げ、その場から走り立ち去った。雪と寒さをしのぐガード下で、少女はお父さんのくれた温かい料理とケーキを食べ、人の善意を味わった。


たとえ別れた彼が新しい彼女をつくったとしても、嫉妬をしてはいけません。あなたと別れた彼が新しい彼女をつくるのは当然の権利だし、それは仕方がないことなのです。

彼が新しい彼女をつくるのは権利というより、そのお父さんと同じように善意からきているものと考えるべきです。お父さんは困っているマッチ売りの少女を助けました。彼も困っている女性を助けたと思えばいいのです。

嫉妬するあなたは、この物語のその子どもたちとなんら変わりません。子どもたちはまだ幼く人間ができていませんが、あなたはもう立派な大人です。嫉妬はいけない、それを知っているのが大人の女性なのです。

大人の女性になるためには、彼に新しい彼女ができたら祝福することです。祝福することができて初めて未来の扉が開き、未来の復縁の可能性が出てくるのです。

34 復縁したければ早く新しい彼をつくる

男性は前向きな女性が好き

「復縁したかったら、早く新しい彼をつくる」

これは最も早く復縁できる方法です。その考えは私の長年の経験から生まれたものです。そして実は、新しい彼を早くつくった方が復縁は早くできた、という報告が世界中からきているのです。

復縁の流れは通常の女性には思いつかないところで起きています。そして男の心理は世界共通です。

なぜ新しい彼をつくると復縁できるのか？　それは女性が前向きだからです。復縁は前向きな女性にしかできません。男性とはそういう前向きな女性が好きなのです。

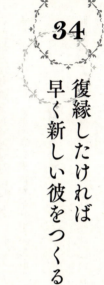

だから復縁ができたのです。

失恋したあと前へ進めば、あなたは成長し、未来も過去も手に入れることができる。

愛する人と別れ、それでも好きだからと言って復縁を望むより、「サヨナラ」と腹を決めて前へ進んだ方が復縁率は高い。悲しくても辛くても、過去にチャレンジするより、未来にチャレンジした方が成果は上がる。これが法則です。

逆に過去の栄光にいつまでもぶら下がっていては成長が止まり、衰退していきます。

前向きのときは運がよくなり、運がよくなれば、未来も過去も同時に手に入れることができます。

あとは未来を選ぶか過去を選ぶかです。過去を選べば復縁となり、未来を選べば新しい門出となりますが、どちらにしても前向きな人は幸せになれます。

人生においては、前向きな選択が幸せを勝ち取るということを忘れてはいけません。

これからは成就する恋をする

時は待ってくれません。あなたは別れた彼に執着することなく前に進むべきです。

今度は幸せになるという目標を掲げてください。

幸せになるという目標を掲げ、相手を真剣に探すことです。新しい人と別れた彼を比較しても構いませんが、比較すればするほど元の彼に勝てる男性はいないものです。それでがっかりすることもあるかもしれませんが、前に進むことだけはやめないでください。やめたら人生を無駄にする世界にまた舞い戻るだけです。

人が前向きな行動を起こせば、最初はうまくいかないものです。ここで撤退するか、前に進むかでその人の人生が決まるのです。多くの人が撤退する中でも、あなただけは前に進んでください。

そうすれば必ず別れた彼より素敵な人に出会うことができます。彼より優れた人はこの世にたくさんいます。

新しい彼は結婚相手にふさわしい人を選ぶことです。

これからは恋愛でも復縁でもない、自分の人生を賭けた勝負に出るべきです。ですから新しい彼は別れた相手の代わりに選んではいけません。恋愛は別れたら恋愛止まり、成就とは言えません。

これからは成就する恋愛、結婚する恋愛を目標にしましょう。

目標をかなえるまでは苦しい過程が続いても、その目標に夢がある限り不安はなくなります。目標を持ったら不安がなくなるくらい前に進むことです。そうすれば必ず本物の人と出会うことができます。

ですから、新しい人を見れば見るほど苦しくなっても、古巣に戻らないことです。一度新しい人を見つけるという目標を持ったら見つけるまで絶対にあきらめないことです。結婚できる男性に出会うまで前に進んでください。

あなたの次の相手がニセモノなら別れた彼はあなたと復縁する気が起きませんが、本物となると本気であなたと復縁する気になります。

男の闘争本能に火をつけられれば復縁できる

「復縁したかったら、早く新しい彼をつくれ」をあなたが実践し、それが実現するにはある条件があります。

その条件とは「本物」という条件です。

別れた彼の愛が本物だったから復縁ができたのです。逆に本物でないと復縁はできていません。復縁するために頑張ろうが、新しい人を見つけて彼を再びその気にさせようが、彼の愛が本物でないと復縁はできないということです。

その愛が本物であるかどうかは、復縁を目指して頑張っている最中にはわかりません。

別れた相手の気持ちが本物かどうかを確かめるには、危機感を与えるしかありません。新しいライバルをつくって、危機感を与えてこそ、その本心が見えてくるのです。

新しい彼をつくることで復縁できる理由、それは男の闘争本能に火をつけたからです。男の闘争本能は恋愛の始まりに火がつき、恋愛が終わって火が消え、別れた彼女に新しい人（ライバル）ができて、また火がつくのです。ライバルが現れたとき、男の闘争本能に火がつくのなら彼は本物です。

思い出してください。恋愛の始まりに断っても断っても、しつこくあなたにアプローチしてきた彼を。あなたが冷たくすればするほど燃え盛った彼を。あの頃の勢いを再燃させるにはライバルの出現しかありません。

そして新しい人もあなたの別れた相手がライバルになれば、負けないくらい頑張るはずです。**「ライバルに負けたくない」という男の闘争本能に火をつけた女性ほど、男が本気で愛する女性はいません。**こういう状況に持っていけば、あなたが必死に追いかけていたときとは状況が逆転します。

一生懸命思いを寄せて一生懸命尽くして、それでもはっきりしない彼の飼い殺しになるより、思い切って新しい人をつくった方が逆転現象になるのです。

おわかりでしょうか？「復縁したかったら早く新しい彼をつくれ」の意味が。

その意味は2通りあります。

ひとつは、復縁は女性からするものではなく男性にさせるもの。

もうひとつは、彼が復縁の行動をしなくてもあなたは新しい人と幸せになれるということです。つまりどっちに転んでも幸せになれる。それは男性にとって価値のある女性です。なぜならあなたは男を本気にさせる女だからです。

男性が本気にならなければ女性は幸せにはなれません。

男性を本気にさせてこそ、男が手放さない女となるのです。

第6章

半年でプロポーズされるために

35 この人でなければと決めすぎない

結婚を望むなら

あなたがもし結婚を望むなら、晩婚化、非婚化が進む現代では、「この人でなければ」とひとりの男性に固執するのではなく、マルチ（万能）の発想を持った女性になることです。**マルチな女性とは一極集中型ではなく、多くのことを同時にこなせる万能な女性のことを指します。**

恋愛においても、今まではひとりの男性に愛を捧げて尽くしてきましたが、時代が不安定となり、結婚をしたがらない男性が増えている以上、もはやひとりの男性に愛を捧げるのは古い考え方となりました。たとえばあなたが復縁を目指しているのなら「復縁を目指しつつも新しい人も見る」。1本の柱にこだわるのではなく複数の柱を持つ、これがマルチな女性です。

これは私の長年の鑑定経験と、鑑定したお客様のたくさんの失敗例から、「こんな女性になるべきだ」という発想によって生まれました。

こんな厳しい時代を生き残るためには、女性たちも競争社会に勝つ新しい術を身につけなければなりません。マルチな女性は時代を先取りする先駆者、時代の流れに合った女性になれば、男が手放したくない女になれます。

複数の柱を持つマルチな女

これから記述する内容は、すべての人に適合するものではありません。**恋愛がうまくいっていない人、幸せな恋愛とはほど遠い人に読んでほしい内容となります。**

なんでもかんでもマルチな女性になることを勧めているわけではありません。お付き合いしている人がとても誠実でとても信頼できる人なら、その人のみを大切にしてください。彼があなたを大切にしているのならよそ見をする必要はありません。

お互いが信頼している付き合いに勝るものはないからです。信頼し合っているカップルは、お互いを思いやり、足りないものを補い、協力して助け合ってふたりの関係を構築しようとします。

男女の付き合い方は本来そういう形のはずです。またそういう形に持っていくのが正しいのです。スムーズにトントン拍子に結婚するカップルは、そんなお付き合いをしていると思います。

マルチな女性になろうという言葉に触発されて、信頼している人を裏切ることがあってはなりません。信頼している人を裏切る行為は、因果応報が働く元となります。自身の欲求不満で墓穴を掘らないでください。

日本人の多くは、お互いを信頼し、尊敬しながら付き合っています。日本人の心である道徳心、相手を思いやる心、相手に対する礼儀は世界でもトップクラスです。私が住んでいる街にもあなたが住んでいる街にも、愛情あふれる家庭がいくつも形成されているのはそのためです。

しかし、すべての人が幸せな結婚生活を送っているとは限りません。

生きるのに自信がなく、精神的にも不安定、礼儀や道徳心もなく、無責任で自分勝手、嘘つき、悪人、浮気や裏切り、自分さえよければ相手はどうなってもいいという考えの人とは幸せな家庭をつくることはできません。

また、結婚は一生しない、生涯独身を貫き通そうとしている人とは家庭を形成することはできません。

マルチな女性の発想は、そういう人と付き合っている人、または別れたけれど、まだその人が好きで追いかけている人に伝授する知恵です。

36 マルチな女性の発想

複数の彼を持つ

マルチな女性の発想は、現代のなかなか結婚したがらない男性に対する考えから生まれました。

複数の彼と付き合い、複数の彼を必要に応じて使い分け、最後に自分の夢を達成する。まるで何本もの柱を適材適所で動かし、最後に目標を達成するビジネスと一緒です。

次に挙げるのは、マルチな女性に変身した女性が見事、結婚という願いをかなえるまでの行動です。

彼女はひとり目の男性（Aさん）と付き合いました。

半年も経った頃、お決まりのパターンで男性は仕事人間になります。「来月から忙しくなる」という言葉を残し、会うこともままならず、音信不通になりました。

以前の彼女なら「なんで！」と彼の煮え切らない態度に怒りを覚えたのですが、今回は違います。彼女は忙しくなった男性を待つ必要がないことを過去に学んでいたからです。

礼儀のある男性なら大切な彼女を放置しないはず。どんなに忙しくても愛する彼女に連絡はするもの、それが付き合っている男性の証。「忙しいと言って連絡をよこさない男は女をなめているとしか思えない」、そのことを彼女は過去に付き合った何人かの男性から学んだのです。

それからは、自分を放置する男には期待をせず、当然忙しくなって自分を放置するAさんのことも、信用も期待もしませんでした。

そこへふたり目の男性、Bさんが現れます。Bさんは彼女に彼がいることを知りながら、交際を申し込みました。以前なら貞操を守っていた彼女ですが、今回はBさんの申し出を受け入れました。最初は罪悪感があったものの、Bさんの紳士的な態度にその罪悪感は徐々に消えていきいつのまにか心を寄せるのはBさんになっていたのです。

Bさんのおかげで A さんを放っておくことができました。すると、音信不通だったAさんが、何ヶ月も彼女から連絡が来ないので、心配して時々様子をうかがうメールをよこすようになります。しかし彼女は、今はBさんに夢中なのでAさんのことはどうでもよくなりました。

それから半年、今度はBさんが仕事で忙しくなりました。仕事が命である男性は忙しくなると恋愛はしなくなります。BさんもAさんと同じで、彼女に会うのを避け、連絡が途絶えるようになりました。どうやら彼女は仕事ができて能力の高い男性を好きになる傾向があるようです。

Bさんが忙しくなった頃、今度はタイミングよくAさんが戻ってきました。仕事が落ち着き暇になったのでしょう。「男性は仕事が落ち着くと恋愛に戻る」。そして再び

Aさんに夢中になります。しばらくしてAさんがまた忙しくなると、次はBさんが戻ってきて、Bさんとの恋愛に熱中しました。男性の忙しさのタイミングに合わせて、彼女はふたつの恋愛を楽しんだのです。

彼女はそんな二股を2年ほど続けました。それから彼女はAさんBさんと別れ、彼女を大切にしてくれた礼儀のあるCさんと結婚しました。

男は余裕のある女の元に戻る

いかがでしょうか?

それにしてもなぜ、AさんとBさんは彼女に戻ってきたのでしょう。

それは彼女に余裕があったからです。

ひとりしか愛せない女性は、彼に放置されると愛の修羅場になります。そうした女性たちに彼らは散々痛い目にあわされてきました。会わないことで責められ、連絡をよこさないことで責められ、ワガママとヒステリーの末に自爆までされました。そんな女性たちに振りまわされ、恋愛に疲れていたのです。

それに比べて彼女は違いました。男性が忙しいときに悩むことも苦しむこともありません。そんな女性を彼らは見たことがなかったのです。平気で男性を放っておける彼女に逆に不安を覚え、手放すことのできない状態になっていたのです。

彼女の余裕が、相乗作用を生み、ふたりの男性を上手にコントロールできたのです。

その話を聞いたとき、私は「さすが」と妙に納得してしまいました。「男性の心理を知り尽くしている。男性の弱点、痛いところをうまく突いている」と。

彼女はどちらとも平等に付き合いました。そしてふたつの恋愛を楽しみました。男性は女性にとって子どものようなもの、彼女は双子を育てるように恋愛をしたのです。

余裕という心で双子を平等に育てました。女性を放置する男子は大人ではない、それは子どもです。

彼女はAさんともBさんとも結婚を考えませんでした。**余裕のない男性とは結婚できない、結婚は余裕のある大人の男性に限る**。それを両名の男性から学んだのです。

この彼女の考えと行動が皆さんにふさわしいかどうかはわかりません。おそらくほとんどの女性にひんしゅくを買われると思います。彼女のやり方は女性としてありえない、そのやり方は絶対に容認できないとも言われるかもしれません。

彼女のやり方は、ズバリ言って男性的です。

これは男性の行動そのもので、女性にはなかなかできないことですが、彼女は見事にこなしています。

しかし、女性としての時間を有効に使い、現代の忙しくて余裕のない男性と付き合うのならこの方法が一番いいかもしれません。彼女のやり方は非常識ですが、逆に今の時代にふさわしいとも言えるのです。

女性を大切にしないひとりの男性に苦しめられて疲弊するぐらいなら、彼女の生き方の方がよほどましではないでしょうか。

役に立たない男性は放っておいて、サバサバと次にいける彼女にたくましさを感じるのです。今後そういう女性が増えてくるだろうと思います。

責任を取らない男性が増えてくれば、女性もマルチに対応していかなければならないからです。

ただし、彼女のやり方にはやりすぎている面もあります。それは同時に複数の男性と肉体関係を持っている点、いくら常識を覆したマルチな女性だと言っても、これはやりすぎです。SEXは本命の男性のみ、どちらも本命でなければSEXはしないこと。彼女のやりすぎている面を調整してこそ、理想的な進化を遂げたマルチな女性になれるのではないでしょうか。

37 男性が結婚したがらない理由

結婚したがらない男性のパターン

マルチな女性は、格差社会によって「結婚できない男性たちが増えている」という現実を頭に叩き込んでいます。

恋愛はするが結婚はしない、という男性が急増しているのです。

付き合っている彼に彼女が「今後どうするの？　結婚はいつしてくれるの？」と問いただした途端に、彼は急に暗くなってふさぎ込んでしまい、その日のデートは台なしとなる。

そして数週間から数ヶ月沈黙したあげく、ふいにメールでサヨナラを告げる。

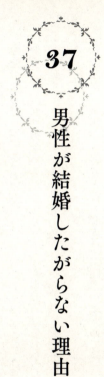

「よくよく考えたけど、君とは結婚できない」というような内容で終わりにしようとする。「そんな大事なこと、メールでなく会って話して」と女性が訴えても、会おうともしない。「会えば気持ちが動いてしまう、君のためにも会わない方がいい」とわけのわからない理由をつけて終わりにしようとする。

素直に「金がないから、結婚できない」と言えばいいものを、男のプライドからそんなことは言えない、なぜなら自分が男として惨《みじ》めになるから。だから「前より好きでなくなった」などと恋愛感情を理由に別れようとする。

それが結婚したがらない男性たちの行動パターンです。寂しいから恋はするけれど、責任を取る結婚はしたくない。

恋愛の始めは彼女を落とすためになんでもありで、「君と結婚したい」などと将来の夢を語り、女性の気持ちをこちらにぐっと引き寄せる甘い言葉を連発します。女性は彼が発するロマンチックな言葉に酔いしれ、彼の言葉を信じて付き合うことになるでしょう。

ところが、半年がすぎると彼の態度は一転。一生懸命で優しかった彼が、手のひらを返したように彼女に冷たくなります。結婚したがらない男性にはジキルとハイド型の恋愛ストーリーが多いのです。

恋愛はするが、結婚したがらない男性が増えたのはなぜでしょう。それこそ経済と関係があるのではないでしょうか。

非正規雇用（フリーター、派遣社員、契約社員、嘱託社員など）が多くなり、その数は２０００万人弱とも言われています（平成27年、8月現在）。

日本の就労人口の約37％が非正規の雇用、彼らの年収はほとんどが２００万円以下です。２００万円以下では妻子を養うことはできません。**「好きであればなんとかなる」というのは女性の考えで、男性はどんなに好きでも年収が低ければ結婚はできないと考えるのです**。年収２００万円以下では結婚をあきらめるしかない。自分ひとりがやっと食べていける額だからです。

こんな時代にどうすれば幸せな結婚ができるか、いろいろ考えなくてはなりません。生き抜くための知恵は、生活や仕事だけではなく、恋愛においても存分に発揮されなければいけません。

恋愛をロマンだけでとらえるのはもう終わりにすべきです。ロマンと現実の両方をバランスよく兼ね備えた人が幸せをつかむことができるのです。

「結婚できない男性が増えている」。そんな結婚氷河期は知恵のある女性が勝ち抜いていけます。マルチな女性とは、この時代に適応する能力でもあります。

38 これからは男の愛し方ではなく男の見極め方を知る

男性を見極めるポイントは？

これからの時代、女性たちに最も必要な能力は、男の愛し方ではなく、男の見極め方です。

マルチな女性は、愛することばかりに夢中にはなりません。愛されることばかりにも夢中になりません。愛し方ではなく、「どうやって男性を見極めるか」に集中します。**愛はあと回しでいい、愛は見極めたあとです**。見極めがすんでいないのに愛を先行させると、不幸になることをマルチな女性は知っているのです。

男性の見極め方のポイントはたったひとつ。

それは仕事が安定しているかどうか。たったこれだけです。不幸になる恋愛の大半

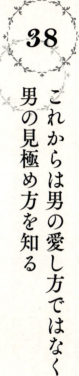

は、仕事が不安定な男性との付き合いです。

イケメンだとか、優しいとか、カッコいいとか、性格がいいとか、趣味が合うとか、母性愛をくすぐるとか、運命を感じるとか、そんなことはあまり重要ではありません。

長年の鑑定でも、たくさんの事例から「女の幸せは男によって決まる」は真実です。私が推奨する男性選びは、電卓を持って彼の経済力を計算してみること。そして、よい数字がでたらニヤリとして好きになることです（笑）。

数字を忌み嫌う女性も多いと思いますが、宇宙の原理は数字でできているのです。数字は幸福を測る物差しです。人が生きていく上で数字は欠かせないのです。

大学を出て、ひとつの会社で真面目に40年勤め上げれば、生涯賃金は約3億円。

この3億円は決して無理な数字ではなく、平均的な生涯賃金だということです。エリートがむしゃらに働いてもらえる金額ではなく、平均的な企業のサラリーマンが会社を辞めることなく、真面目に40年間勤め上げれば達成できる金額です。今はデフレ経済の影響で平均年収が下がり、生涯賃金も下がっていると思うので、3億円はあくまでも目安です。

男性の能力には7倍の格差がある

生涯賃金を1億円しか稼げない人もいれば、7億円稼ぐ人もいる。「できる男とできない男の能力の差は7倍」。これは私がサラリーマン時代に、数字を競い合う営業の世界で学んだ方程式です。

年間売上7億円を達成する人もいれば、1億円しか達成できない人もいる。能力のある人はノルマを軽くクリアしてどんどん出世していくが、能力のない人はノルマが達成できなくて会社を辞めていく。厳しい現実を目の当たりにしてきました。

苦しい恋愛相談は、「貧困愛」が最も多いです。

うまくいっていない恋愛ほど、相手にお金がない。そのお金のなさも普通レベルではなく、極貧レベル。借金苦で自己破産寸前の人もいれば、生活費を入れないダメ夫もいます。

無人島で暮らすしかないような生活レベルの男性に恋い焦がれている女性を見ると哀れで仕方ありません。愛があればなんとかなると思っているかもしれませんが、その愛のせいで間違いなく高い代償を払うことになるでしょう。その高い代償とは、女性がその男性を食べさせていかなければならないということです。

「あなたは男性を食べさせていけますか？」

そう聞くとほとんどの女性が「それは無理」と答えます。

しかし、相手が貧乏ならその覚悟がないと無理ということになります。あなたが電気もガスも水道もない無人島や、超辺鄙な田舎で暮らしたいというのならそういう男性もありですが、日本人らしい平均的な生活をしたいのなら、そういう男性はやめて、生涯賃金3億円男を探すことです。

生涯賃金3億円男ならあなたがちょっと努力すればすぐに当てることができます。女性の武器をもっと有効に使い、あなたの魅力をアップさせれば、間違いなくゲットできます。

胸のうちで値踏みする

電卓を叩いて3億円男を見つける。

ただしこの計算は男性には悟られないようにすることです。計算はあなた自身の心の中でやってください。計算していることを男性の前では出さないように。

またその類《たぐい》の言葉を発してもいけません。多くの男性が自分のことを皮算用で値踏みされるのを嫌がります。値踏みしているのがばれると計算高い嫌な女と評価され、結婚対象から外されます。

「ケチ」だとか「たったこれだけの給料？　この仕事いつまでやっているの？」みたいな「男のくせに甲斐性《かいしょう》がない」というような言葉は発しないことです。

男性の稼ぎの悪い部分については軽々しく口に出してはいけません。悟られないように計算して、あなた自身がその男性を値踏みすればいいのです。そして、稼ぎが悪ければ稼ぎのある人のところへ行けばいいのです。

マルチな女性は男性を値踏みすることができます。相手の稼ぎが悪ければ情を残すことなく平気で次へ行けます。

非情とも思われるかもしれませんが、情に負けて相手と共倒れするような人生を歩む方が、よほどバカバカしいのです。マルチな女性は表面上の好きや愛で男性を見ません、男性の中身を見ているのです。

39 仕事の安定した男を選ぶ

マルチな女性は仕事が不安定な男性を選ばない

女性が男性と別れる原因の第１位が仕事の不安定です。

「仕事が不安定な男性と付き合えば、いずれ別れることになる」ということを、マルチな女性はよく知っているので、仕事が不安定な男性には近づこうとしません。

ここでは、仕事が安定している人の見極め方について紹介しましょう。

それは、次の条件をクリアしている男性です。

①安定した仕事があること　②安定した収入があること　③忙しすぎず暇すぎず適度な勤務時間で働いていること　④休みはきちんと取っていること

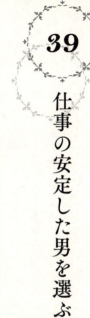

①「安定した仕事」とは、会社員でも自営業でも長く安心して続けられる仕事があること。

②「安定した収入」とは、国税庁民間給与実態統計調査によると、平成25年の男女計平均年収は414万円、男性平均511万円となっているので、30歳男性なら500万円以上あること。

③「忙しすぎず暇すぎず、適度な勤務時間で働いている」とは、適度な時間で仕事を終わらせ、彼女とデートを楽しむ余裕のある男性のことを言います。仕事だけが人生ではないことをよく知っている人です。

仕事中毒の人は仕事が安定していると思うかもしれませんがそれは誤解です。早朝から深夜まで働き、休みの日も出勤する人は会社の奴隷になっているか、ブラック企業に勤めているか、能力がなく仕事が遅いか、周りが遅くまでいつまでもダラダラ働く悪い職場環境か、いずれにしても余裕のない仕事環境にいるだけです。若いうちはそういった環境で根性を鍛えてもいいですが、結婚対象からは外れます。

④「休みをきちんと取っている」とは、いい仕事をするために、いい生活をするために、いい人生を送るために、休みをきちんと取ってリフレッシュしてエンジョイし

ていることを言います。

環境が変化する男性を選ばない

マルチな女性は環境が変化する男性は選びません。

環境の変化とは、就職、留学、転職、転勤、海外赴任などで男性の仕事環境が変化することを言います。**環境の変化によってたくさんのカップルが別れてきました。**

学生時代の恋愛は、彼の就職が決まって社会人になった途端に終わっています。学生から社会人への環境の変化が別れを誘発しているのでしょう。社会人の恋愛でも彼の転職、転勤、海外赴任などの環境の変化によって別れに至っています。

「男性は仕事の環境が変われば恋愛は終わる」。マルチな女性はそれを脳に叩き込まれているのです。

だからマルチな女性は、環境が変化しようとしている男性を、事前に恋愛の対象から外します。たとえ前記の仕事が安定している男性でも外すでしょう。

今の時点で仕事が安定していても、環境が変われば不安定になるのを知っているからです。

環境が変化したときの男の心理

まずは転職です。男性が仕事を失うのは、女性が恋を失うのと同じ気持ちです。とても辛く、この先生きていく希望さえ見失ってしまいます。この自信喪失は、負け犬になる瞬間です。女性がこれ以上の人がいないと思うように、男性もこれ以上の仕事はないと思っているのです。

これから先は条件の悪い仕事か給料が半分になる仕事しかない。苦しい生活が待っていると思うと、不安で夜も眠れない。家賃も払えない、携帯電話の料金も払えない、友達とも遊びにいけない、彼女とデートもできない。

とどのつまり彼女を幸せにできない、「別れるしかない」と精神的に追い込まれていきます。これからどうやって生きていこう。これから探す仕事や転職先は未知数で何もわからない。この先の不安が波のように襲いかかってきます。

次に転勤です。

男性は転勤が決まると、転勤先のことしか考えなくなります。彼女のことを忘れて

心は転勤先に向かっているのです。

転勤するための準備と転勤先の情報収集で頭はいっぱいになります。転勤に向けた準備に追われ、彼女に会うことや連絡することも置き去りとなります。

それは新天地に活路を見出す、男の開拓精神からきていると言えます。新天地に活路を見出す男性は恋愛においてはとても厄介なものです。転勤が決まった瞬間に彼女は過去のものとなるからです。

新天地に彼女を連れていけない、まだ結婚する気もないのに連れていけるわけがない。彼女をここに残して僕は新天地に旅立つしかない。連れていけない彼女は過去の人となるしかない。

そして男性は本来は遠距離恋愛ができません。**合理化を重視する男性は、遠距離恋愛は「時・金・労力」の無駄とわかっているのです**。さらに新天地での不安があるのに、負担のかかる遠距離恋愛はなおさら避けようとするでしょう。

恋愛ができるのは新天地で落ち着いてから。新天地で落ち着くまで何年かかるかわからない。転勤が決まった男性との恋愛は、いつも波瀾万丈な物語となります。

マルチな女性は環境が変化する男性を選びません。これから就職する男性や、これから転職する男性や、これから転勤する男性を選びません。選ぶのは環境の変化のない男性です。

マルチな女性は、近いうちに転勤のある男性は外します。たとえば1年以内に転勤があるという男性には、話だけ聞いてあとは近づかない。付き合うのなら転勤したばかりで、ここ2〜3年は転勤がない男性を選びます。

環境が変化した男性と付き合っている場合

環境が変化した男性と付き合っている女性はどうすればいいですか？

そういう質問は当然あるでしょう。

その場合は「彼が新天地で落ち着くまで待て」としか言えません。彼は新天地に慣れることに頭がいっぱいで、女性は放置されます。

放置されることが苦痛な女性は彼に向けて行動を起こします。男性は新天地に前向き、女性は彼に前向き、どちらも前向きなのですが、恋愛にとっては決していい結果にはなりません。

ひとつのことしかできない男性は、新天地のことしか頭にない。彼に恋愛する余裕が生まれるまで待つしかないのです。

彼に半年くらいの長期休暇を与えるつもりでしばらく恋愛をお休みにすることも大切。恋愛を休んでいる間、女性は自分磨きに徹すればいい。そうすれば彼にまた恋の季節が巡ってきます。

次に人間性を見る

マルチな女性は、仕事が安定していて環境の変化がない男性を選びます。そして次はその男性の人間性を見極めていきます。

仕事が安定していて、環境の変化がない男性でも人間性が優れているとは限りません。仕事には誠実でも、女性には不誠実な男性はいくらでもいるからです。

とくに女性はその辺をとても重要視します。どの女性も仕事が安定していて、環境の変化がない男性を選びながらも、同時に相手の人間性も見ていると思います。

自分と釣り合いのとれた相手かどうか、自分が理想とする人間性を相手の男性が持っているかどうかを、あなたに合った方法で見極めていけばいいと思います。

40

女の愛は愛情、男の愛は責任

マルチな女性になるために知っておくこと

女性の愛は愛情ですが、男性の愛は責任です。

なぜ男性の愛は責任なのでしょうか？

愛は冷めますが責任は冷めません。一生この女性を守ろうとするのは愛より責任からきているのです。

夫婦であれば、女性は愛が冷めたら家から出ていくケースが多いですが、男性は愛が冷めてもなかなか家から出ていきません。

なぜ出ていかないか。それは責任があるからです。「一度は愛した女性を男性は一生面倒を見る責任があるから」です。長く連れ添った彼女との愛は消えても、責任は消えないのです。

責任は男性にとって愛より重いものです。女性の愛は永遠かもしれませんが、男性の愛は永遠ではありません。男性は責任が永遠なのです。

もし男性がこの家から出ていくとなれば、もう責任を取る必要がなくなったのか、あるいは無責任で卑怯な男でしかないのでしょう。

恋愛でも男性の愛は責任から始まります。多くの男性は責任から愛が始まっているなんてほとんど気づいていません。

なぜ気づかないのでしょうか？

それは頭に血が上っているからです。最初は女性と同じように愛から始まっているとカン違いしますが、やがて月日が経つと愛より責任の方が重くなってきます。

この女性を一生守れるか、またこの女性にそれだけの価値があるのか、自分にはこの女性を守れる能力が備わっているのか、自分は結婚よりまだやることがたくさんあるのではないか。どうしよう？　どうやって責任を取ろう……。そんなことをあれこれ考えるものです。

これはもはや愛ではありません。愛は最初の勢い、あとはどうやって責任を取るべきか迷っているのです。迷いながらも半年以内に大方の結論が出ます。責任を取る気なら恋愛を続けるし、責任を取らない気なら恋愛をやめるという結論です。恋愛でも最終判断は責任なのです。

責任を取らせる可愛い女性になる

ぜひ男性に責任を取らせる可愛い女性になりましょう。

男性の愛の心理をつかんだあとは、男性の好みの心理を掴むことです。男性の好みとはズバリ「可愛い女性」。それはこんな女性です。

○外見も内面も洗練された女性
○控え目でけなげで男を立ててくれる女性
○健康的で明るい女性
○誰が見ても可愛い、「ザ・女の子」という女性では、どうすれば可愛い女性になれるのでしょうか？

まずは「自分は可愛い女性になる！」と決めることです。

毎朝鏡の前で「私は世界一の美女よ❤」と鏡に映っている自分に言い聞かせます。言い聞かせれば可愛く見えてくるものなのです。

それから外見をチェックして理想の体型になるようダイエットもしましょう。さらに可愛い笑顔をつくる練習を鏡の前でやって、綺麗になるメイク法も学ぶこと。

男性は視覚から入ります。女性目線ではなく男性目線でどう可愛く見えるか研究することも大事です。

続いて内面磨きのために自己啓発の本を毎日30分読みましょう。

この努力で理性的な洗練された女性がつくられます。洗練された女性は中身のいい女性として男性には受けがいいものです。外見づくりに30分、内面づくりに30分、それを1年続ければどの男性から見ても可愛い女性になれるでしょう。

繰り返しになりますが、最後に男性が望んでいる可愛い女性の心がけについて、お伝えします。

まずは、彼を心から愛し、心から信頼し、心から尊敬すること。

そして、この人の言うことは間違いない、この人についていけば間違いないという厚い信頼を寄せることです。

また、恋愛期間中は男性を王様気分にさせてくれる女性や一生懸命心を尽くしてくれる女性が男性は大好きです。

この女性にたっぷりと心を尽くしてもらった、夢心地のいい気分も味わった。だからあとは一生大事にしようと思うのです。

41 男性に責任を取ってほしいとき

男の愛は責任だと、前項で述べました。**その男性に責任を取らせる具体的な方法は、男性の好みに合わせることです。**明るく可愛くやりましょう、暗くネガティブにやったら男性は責任を取りません。

そのために女性の考えで動くのではなく男性の好みで動くことです。男性の好みがなんなのか、まずはそこを知ることです。

「なんで女性ばかりこんなに努力しなくてはいけないの?」と思うかもしれませんが、男性に責任を取らせるテクニックは、男性側から見れば対等であっては困るのです。未来の幸福を勝ち取るために、あえて男性を持ち上げる作戦こそが責任を取らせるテクニックです。

ここでは男性が好むポイントを述べていきます。

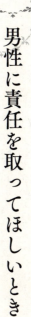

男性への連絡の仕方

連絡における相手の媒体の好みはなんなのかを知ることです。**相手が電話だけなら電話だけで対応します。相手がメールだけならメールだけで対応しましょう。**間違ってもメールだけの相手に電話をしたり、電話だけの相手にメールをしたりすることは緊急の場合以外しないように。

さらに、それぞれの媒体での相手の傾向もつかみましょう。

たとえばメールで重要なのは、文字数です。女性が100文字に対して男性が10文字ではバランスが取れていません。女性はメールでのコミュニケーションが好きなので必然と文字数は多くなりますが、男性は読むだけで疲れるのです。男性の文字数が10文字なら女性の文字数は30文字以内に抑えること。文字数の少ない男性は要点だけを言ってほしいのです。

要点を短く言う女性はその男性に好まれます。文字数が100文字以上ある男性ならそれに合わせてもいいですが、文字数の少ない男性に100文字以上毎回送り続けると可愛くない女性となってしまいます。

電話でも長電話をする男性もいれば、短く用件だけすませて電話を切る男性もいます。短く切る男性に「好きな人とはいろいろ話したい」と言って長電話をする女性もいますが、あとで嫌われる原因になりかねません。自分のペースに合わせてくれる女性が男性にとっては可愛い女性なのです。連絡はマメな人もいればマメでない人もいる。どのペースでも合わせられることが大切です。

最後に連絡における注意点をもうひとつ。連絡は心身ともに健康なときにしましょう。疲れていたり、ネガティブなときは連絡をしないこと。そういうときの連絡は不幸を呼ぶので避けた方がいいのです。不幸をぶつける連絡は男性も受けつけません。

女性は好きな人に悩みを打ち明けたいのでしょうが、男性から見ればそれは可愛くない女性のすること。

女性から見ればなんと心の狭い男性に見えるかもしれませんが、本来男性は女性の悩み相談は苦手です。だから悩み相談は付き合っている男性にしてはいけません。相談すると余計に女性のストレスが増すだけです。

なぜなら男性に悩みをぶつけても解決策しか言わないからです。女性が求めている「ただ聞いてほしい」という話し合いはできないのです。

女性は聞いてほしいことだけに終始し、男性は解決することだけに終始します。女性はくどくなり、男性は面倒な話は早く終わりにしたいと両者はかみ合わなくなり、別れの原因にまで発展します。

男性が責任を取りたくなるような可愛い女性の連絡の仕方は、女性が考えていることの反対のことをすればいいのです。

女性が重要だと思うことは男性には通じない。**女性の好みで連絡するのではなく、男性の好みで連絡をする。**これが可愛いマルチな女性の連絡の仕方です。男性の愛はいかに責任を取るかです。責任を取るのは「可愛くない女性より可愛い女性」に対して。このことを日常忘れることなく、しっかりとインプットしているのがマルチな女性です。

デートの日は

彼と会う日は最高のおしゃれをして出かけましょう。鏡の前で彼好みのファッションかどうかをチェックして、「私は世界一の美女！　よしＯＫ」と気合を入れて出かける。気合を入れるから可愛くなるのです。

男性にはいろいろなタイプがいます。

話し好きで話が弾む人、無口で静かな人。マルチな女性はどんな男性にも合わせられるものです。

話し好きな男性ならテンポよくノリのいい話をすればいいし、無口な男性なら相手に合わせて空気になってしまえばいいのです。話し好きな男性と話が弾まなければつまらない女性と思われてしまうし、無口な男性に機関銃のようにペラペラしゃべる女性は面倒と思われるだけ。どのタイプでも、どのシチュエーションでも楽しめる女性になりましょう。

気遣いの多い男性には、彼の気遣いを快く思い、毎回「ありがとう」と感謝しましょう。ありがとうは何度言われても気持ちがいいものです。

気を使わない無口な男性には、さりげなくこちらから気を配りましょう。会話にもペースがあり、会った瞬間にトップスピードになる男性もいれば、スロースターターの男性もいます。どの男性もデートのときは女性と楽しみたいと思っているので、慌てないで相手のペースをつかむようにすればいいでしょう。

無口な男性とドライブに行ったら、自然を楽しみましょう。流れる景色を堪能し、綺麗だと思えば「わーキレイ！」と叫び、感動するものを見つければ「わーすごい！何これ？」と叫べばいいのです。

彼は「こんなに感動してくれて嬉しい、連れて来てよかった♪」と口には出さないが、内心そう思っています。マルチな女性は話し好きでも無口でもどの男性にも可愛く見せることができます。

男性が女性とデートするのは好意があるからであって、その好意を汚さないようにするのがポイントです。せっかく会っているのに、相手の男性がおしゃべりで疲れる、無口で面白くないとつまらなそうにしていると、その日のデートはめちゃくちゃとなり可愛くない女性となってしまいます。

男性の趣味に合わせる

男性にとって一番好意の持てる女性は、自分の趣味に合わせてくれる女性です。

スポーツでもレジャーでもファッションでも食事でも会話でも自分の趣味にピッタリ合えば、それはもう手放したくない女性になるでしょう。**マルチな女性は、男性の**

好みのポイントに目をつけ、男性の好みに合わせようとします。自分の好みや趣味は置いておいて、あえて相手の男性の趣味や好みに合わせるのです。これはとても頭のよい方法です。まさにマルチな女性です。

マルチな女性はチャレンジャーなので、男性の趣味にもチャレンジします。彼の趣味がゴルフならゴルフにチャレンジし、スキーやスノーボードが好きならそれにチャレンジします。山登りが好きなら山登りにチャレンジし、彼に手ほどきを受けながら一生懸命努力します。その一生懸命さが「また可愛いく見せるコツ」だと知っているからです。

なぜそこまで努力するの？　女としてのプライドはないの？　と言われるかもしれませんが、マルチな女性の考え方は普通の女性の考え方とは違います。

もっと先を見ているのです。つまり男性は初めに自分が尽くしておけば、あとは一生大事にしてくれることを。

「初め」とはふたりの人生の1割の時間です。結婚生活を50年とすれば、その1割はたった5年。**5年間相手の男性の好みや趣味に合わせれば、もうこの女は手放したく**

ないと思い、残り45年間大事にしてくれます。

マルチな女性は、男性に1割サービスすればあとは思いのままにコントロールできることも知っているのです。男性は、いつのまにか女性の好みや趣味に合わせ、いつのまにか女性の術中にはまっている。気づいてもなんだかんだブツブツ言いながらも女性の指示に従っている。

マルチな女は、そうなることを見通して1割のサービスを惜しまないのです。

42 告白はNO、プロポーズはYES

間違いない相手と確実に早く結婚する方法

マルチな女性は今までにない発想を持ちます。

それは、告白は「NO」、プロポーズは「YES」という作戦です。

実はこの方法が、「間違いない相手と確実に早く結婚する方法」なのです。その具体的な方法を、これから詳しく述べていきます。

男性は気に入った女性に対してテンションが高くなり、すぐに付き合いたいと思うようになります。なので最初にアプローチをしてくるのはだいたい男性。

「最初は彼から」というのは巷《ちまた》でよく耳にする言葉です。男性というものは単純で、恋愛に対してすぐに頭に血が上ります。「最初は男から、女はあとから」ということを人類は永遠に繰り返してきました。

マルチな女性はそこにメスを入れます。男の血が騒いでいるテンションの高い言葉や行動は信用しないと決める。

どれだけロマンチックな言葉を言おうが、どれだけ歯の浮いた愛の言葉を言おうが、決してなびかない。半年くらい時間をかけて、その間、心も体も許さずじらして相手の真意を確かめる。それが人間性を見抜く一番よい方法であることをマルチな女性は知っているのです。

相手が本当に私のことを好きなら半年ぐらい待てるはず。待てなければそれまでの男。マルチな女性はそのルールを遵守する。マルチな女性は相手に半年待たせておいて、相手のことを調査する。仕事は安定しているか、環境の変化はないか、、相手の生い立ちや育った家庭環境はどうか、悪い友達がいないか、さらに変な虫（自分以外の女性）がついていないかも確認します。調査は探偵を雇って調査するわけではありません、女性の直感と能力で調査するのです。

相手とデートしながら、食事をしながら少しずつ聞き出します。半年かけていろいろ聞き出せば、相手の人間性は自分に合っているかどうか見えてくるはず。途中でこれは違うな？　なんか怪しいな？　などなど……自分と合わないなと感じたら、その後はその男性と会うのを丁重にお断りする。半年あれば相手の男性もボロを出しますし、女性もそれを見逃しません。

マルチな女性は調査する男性をひとりと決めません。調査対象は複数人用意するから「マルチ」なのです。そして、同時進行で複数人に会っていることを個々の男性には気づかれないようにしている。マルチな女性はちょっと小悪魔なのです。

多くの場合、好意のある男女が近づき、2～3回デートを重ねたあと男性の告白に女性がYESと答えて付き合いがスタートします。だから、人間性が見抜けないのです。最初に好意を持っている者同士は恋する気持ちの方が強いので、相手の人間性を確かめないまま付き合ってしまいます。でも数ヶ月後には性格の不一致や合わない人間性に気づき、後悔して別れることも多いのです。

マルチな女性はそれを何度も繰り返しているので、もうその手には乗りません。**たとえ好意のある男性に対してでも、2～3回のデートでは「YES」とは言わないの**

です。そして付き合う前の付き合いをしばらく続けるために次の言葉を言います。

「あなたの気持ちはとても嬉しいです。でもまだ知り合ったばかりで私はあなたのことをよく知りません、あなたも私のことをよく知りませんよね。お互いのことがよくわかるまで私の返事は待ってもらえませんか？」

これが最初の「告白はＮＯ」という作戦です。そう言えば大抵の男性は理解を示してくれるでしょう。相手の人間性が確かめられるまでは付き合わない。それは双方にとってよいことだからです。

相手がそんなに待てないというのなら、マルチな女性はいとも簡単にその男性を切ります。なぜならこれは一次試験だから。それをパスした男性のみが次の二次試験に行けるのです。

一次試験をパスし、人間性も合格で二次試験もパスすれば、あとは三次試験の「プロポーズ作戦」へと進みます。

プロポーズ作戦に行く前に、複数の男性を整理してひとりの男性に絞ります。最終局面の男性に対しては迷いがあってはいけない、一点に集中するために他を整理してその男性に賭けるためです。なぜなら絞った男性に、マルチな女性は「これはいける」という確信を持っているからです。

結婚する意思を相手に引き出させる

最初の男性の告白をうまくかわし、お互いを知るための期間としてデートを10回以上重ねました。その頃のふたりは出会った頃より打ち解けた関係になっています。いろいろな話をした。仕事のこと、家族のこと、友人や趣味のこと、将来のこと、政治経済や世間話までなんでも話した。会えば会うほど信頼関係が増していくふたり。時々男性から告白めいたアプローチもあったが、女性は「まだ早い」と判断し、男性のアプローチを嫌みのない冷たさでさらりとかわしました。

この嫌みのない冷たいかわし方は女性がよくやる手口で、男性はその瞬間やや切なさが残るが、「女心と秋の空か?」と片づけ「よし次、今度こそ!」とまた前向きになるのです。思うようにいかないターゲットこそが男性の興味をそそる目標で、この手強い獲物をいつか手に入れたいという闘志を燃やします。

すぐに落ちたら半年持たない。「あなたに好意があるのよ」と見せかけておいて、男性がその気になったら冷たくかわす。肝心なときにNOという女性の冷たい態度が、半年持たせるコツです。

さて、半年が経過し、女性はそろそろ「決断」をしようと考えた。その男性は結婚にふさわしい相手という確信を得たからです。

仕事は安定している、転勤などの環境の変化もない、半年間見て人間性もよいという判断もできた。あとはタイミングだけ。女性は次のチャンスにタイミングを合わせようと考えた。男性もそろそろ「決めよう」と考えていた。

好意のあるじらし作戦はふたりの考えを一致させました。半年経った20回目のデート、彼は夜景の綺麗なロマンチックな場所に彼女を連れていく。「都合5回目の告白、これでダメだったらあきらめよう」と彼は考えていた。

彼は意を決して告白します。

「半年間、僕なりに頑張ってきました。そろそろ答えをいただけませんか？」

彼の告白に対して彼女は黙っている……。いつもはさらりと断ってかわすのに今日は断らない、そして黙っている。「なぜ黙っているんだ……」。彼はいつもと違う彼女の様子に少々戸惑いを見せる。一方ではよい答えが出るのではないかという期待感もある。彼にとって長い沈黙が続く。彼女は下を向いたまま沈黙している。髪の毛に隠れて彼女の様子がうかがえない。長かった5分ほどの沈黙を解いて、彼女はおもむろに次の言葉を言った。

「それって……プロポーズですか？」

彼は彼女の言葉に一瞬我を忘れたが、「そのつもりだよ。僕と結婚してください」と答えた。

長かった苦節の末にやっと引き出した答え、彼にとっても彼女となら結婚は望むところだった。

そして、彼と彼女は半年後に結婚式を挙げた。

通常の恋愛の流れと違う、付き合う前のお付き合い作戦。この作戦は一般ではあまり知られていませんが、最も早くプロポーズを引き出す作戦です。

早く付き合って恋愛を楽しむより、じらして相手の真意を確かめる。試験に合格すれば、あとはプロポーズを引き出すだけ。これがマルチな女性のプロポーズ作戦です。

おわりに

「男が手放さない女」――恋をする女性なら誰しもそうなりたいと願うでしょう。「男が手放さない女」とは男性が理想とする女性。そしてそれは、「最後の女」という意味でもあるからです。

男性たちは過去にたくさんの女性たちを手放してきました。なぜ女性を手放すのか？　そこを知れば、男が手放さない女になる方法が見えてくるはずです。

本書は、これまで私が見てきた皆さんの恋の失敗の中から、男が手放さない女になるためのルールをまとめたものです。

本書の内容は、「なんで女性ばかりが苦労しなくてはいけないの」という次元の低い内容ではありません。

「男とはこういうもの」ということがわかれば、男性の行動に対し落ち込むことがなくなります。そして男性の弱い精神的な部分を支え、男性のモチベーションを上げることに頭を使うこともできます。それが内助の功である女性の武器なのです。

本書は私の10年の歩みでもあります。

遠くから遠路はるばる、これまでお越しいただいたお客様、ブログの読者の方々に まずは心から感謝申し上げます。私の記事の種は、いつもお客様です。

恋に悩む女性のパワーは凄いと思います。「女性は恋愛が命」だということを強く実感するのも、この仕事をしている私の宿命だと思います。占い師ではありますが、占術よりも現場から学ぶ、これを今後ともモットーにしていきたいと思います。

執筆は、10年間書き綴《つづ》ったブログ『恋愛日記』の整理から始め、私の経験値を駆使しながら加筆してまとめました。あまりにも膨大な資料に出版社（KADOKAWA）の担当者も圧倒されたと思います。懇切ていねいに編集していただき、誠にありがとうございました。

おかげさまで私の10年の思いを綴った素晴らしい本が完成しました。この本は恋をしているすべての女性に読んでほしい。ここに書かれていることを多くの女性が会得してくれることを心から願っています。

著者

本書は、２０１３年11月に小社より刊行された
同名単行本を文庫収録にあたり、新編集したものです。

沖川東横（おきかわ とうよこ）

手相、姓名判断、九星学、四柱推命、タロットを得意とする占い師、恋愛カウンセラー。埼玉県川越市にある「川越占い館」には、全国から5万人以上の女性たちが恋愛相談に訪れている。

占いの結果のみにとらわれず、女性たちの悩みを解決に導き、恋愛運がアップするアドバイスには定評がある。鑑定を受けた女性からは、「彼の気持ちがわかった」「実際にどうこうどうすればいいのか気づけた」など、喜びの声が多数上がっている。

また、ブログ「恋愛日記」は恋愛に悩む女性たちのバイブルとなり、アクセス数は1日7万を超える人気を博する。

主な著書に『男を夢中にさせる　恋愛のルール』『大好きな彼を手に入れる恋愛のルール』（以上、KADOKAWA）、『彼の気持ちを取り戻す方法』『この「すれ違い」をなくせば、彼に本気で愛される。』（以上、大和出版）ほか多数。

中経の文庫
恋する女性に絶対読んでほしい
男が手放さない女になる方法

2016年 1月15日　第1刷発行

著　者　沖川東横（おきかわ とうよこ）
発行者　川金正法
発　行　株式会社KADOKAWA
〒102-8177 東京都千代田区富士見2-13-3
0570-002-301（カスタマーサポート・ナビダイヤル）
受付時間 9:00～17:00（土日 祝日 年末年始を除く）
http://www.kadokawa.co.jp/

DTP フォレスト　印刷・製本 暁印刷

落丁・乱丁本はご面倒でも、下記KADOKAWA読者係にお送りください。

送料は小社負担でお取り替えいたします。

古書店で購入したものについては、お取り替えできません。

電話049-259-1100（9:00～17:00／土日、祝日、年末年始を除く）

〒354-0041 埼玉県入間郡三芳町藤久保550-1

ISBN978-4-04-601446-7　C0176